この本で身につけよう！

おしゃカワになるための STEP ステップ

PART 1
じぶんカラー診断＆じぶんシルエット診断
肌や髪の色、体つきなどから、本当にじぶんにあう服の色や素材、形が見つかる！

PART 2
コーデで学ぶおしゃれルール
コーデと着まわしのコツ、小物の上手な使いかたをおぼえて、もっとおしゃれになろう！

PART 3
ヘアスタイルかんぺきガイド
誰でもできる簡単アレンジから、特別な日のスペシャルアレンジまで大公開！

PART 4
ステキ女子になるためのマナー
きれいな姿勢やおでかけ先でのマナーを身につけて、もっとステキな女の子になろう！

巻末スペシャルふろく
キラキラノート＆手紙の作りかた
「なりたいじぶん」になれるキラキラノートの作りかたや、メール＆手紙の書きかたをレクチャー☆

| はじめに | おしゃれルールをつかんでかわいくなりたい！ | 2 |
| この本で身につけよう！ おしゃカワになるためのSTEP | | 5 |

PART 1 めざせアカぬけ！じぶんカラー診断＆じぶんシルエット診断

まんが じぶんににあうカラーとシルエットの服、見つけよう！ ……… 12

じぶんカラー診断って？ …………… 14

- 春タイプ　診断用カラーシート ……………… 16
- 夏タイプ　診断用カラーシート ……………… 17
- 秋タイプ　診断用カラーシート ……………… 18
- 冬タイプ　診断用カラーシート ……………… 19
- 春タイプの特徴は？ ……………………… 20
- 春タイプをかわいく見せるコーデ例 ………… 22
- 夏タイプの特徴は？ ……………………… 24
- 夏タイプをかわいく見せるコーデ例 ………… 26
- 秋タイプの特徴は？ ……………………… 28
- 秋タイプをかわいく見せるコーデ例 ………… 30
- 冬タイプの特徴は？ ……………………… 32
- 冬タイプをかわいく見せるコーデ例 ………… 34

じぶんシルエット診断って？ …………… 36

- メリハリタイプ　診断用チェックシート ……… 38
- きゃしゃタイプ　診断用チェックシート ……… 39
- くっきりタイプ　診断用チェックシート ……… 40
- 当てはまるタイプに迷ったら ………………… 41
- メリハリタイプの特徴は？ …………………… 42
- メリハリタイプににあうファッション ………… 44
- きゃしゃタイプの特徴は？ …………………… 46
- きゃしゃタイプににあうファッション ………… 48
- くっきりタイプの特徴は？ …………………… 50
- くっきりタイプににあうファッション ………… 52

コラム カシコイ女子のお買いもの計画！ ……………… 54

PART 2 365日使える！コーデで学ぶおしゃれルール

まんが 少ない服でも着まわせるおしゃれルールが知りたい！ ……58

ルール1 色の組み合わせでアカぬけ！ ……60
- 同系色コーデ ……62
- 反対色コーデ ……63
- モノトーンコーデ ……64
- 3色モテコーデ ……65

ルール2 柄ものの合わせかた ……66
- 無地＋柄コーデ ……68
- 柄でかわいくモテコーデ ……69
- 季節感のある柄コーデ ……70
- 上級者向け！ 柄×柄コーデ ……71

ルール3 コーデのテーマを決めよう ……72
- ガーリー ……74
- カジュアル ……76
- スポーティ ……78
- クール ……80
- 甘辛MIX ……82
- ロック ……83
- フレンチ ……84
- ボーイッシュ ……85
- スクール ……86
- カラフル ……87

ルール4 基本の6着で7DAYS着まわせる！ ……88
- ガーリー7DAYSコーデ ……88
- カジュアル7DAYSコーデ ……92
- スポーティ7DAYSコーデ ……96
- クール7DAYSコーデ ……100

ルール5 小物えらびでもっとセンスアップ！ ……104
- ソックス使いで足もと美人！ ……106
- 足もと美人コーデでおしゃカワ！ ……108
- 使いまわせるバッグはコレ！ ……110
- コーデ×バッグのお手本、ぜんぶ見せ！ ……112

帽子＆だてメガネでイメチェン！ ……………………… 114
帽子＆メガネコーデのお手本 …………………………… 116
コラム カンタンに作れる！プチプラおしゃれ小物 ……………… 118

PART 3 ショートからロングまでOK！ヘアスタイルかんぺきガイド

まんが アレンジがにがてでもかわいいヘアアレがしたい！ ………… 126

基本テク1 結ぶ ……………………………………………… 128
ひとつ結び ……………………………………………… 128
くるりんぱ ……………………………………………… 130

基本テク2 ねじる ……………………………………………… 132
ツイスト ………………………………………………… 132

基本テク3 あむ ………………………………………………… 134
みつあみ ………………………………………………… 134
表あみこみ ……………………………………………… 136
裏あみこみ ……………………………………………… 138

基本テク4 おだんご …………………………………………… 140
シンプルおだんご ……………………………………… 140
シニヨン ………………………………………………… 141

基本テク5 とめる ……………………………………………… 142
ピンでとめる …………………………………………… 142
ツイストをピンでとめる／ピンをクロスどめ ……… 143
パッチンどめでとめる／クリップでとめる ………… 144
バレッタでとめる／ヘアバンドでとめる …………… 145

テーマ別ヘアスタイル ガーリーアレンジ …………………… 146
みつあみ後ろカチューシャ …………………………… 146
ちょこっとネコ耳 ……………………………………… 148
ツイストカチューシャ ………………………………… 149

テーマ別ヘアスタイル カジュアルアレンジ ………………… 150
おてがるハーフツインテ ……………………………… 150
アシメおだんご ………………………………………… 152

よこりんぱ ・・・ 153
テーマ別ヘアスタイル スポーティーアレンジ ・・・・・・・・・・ 154
みつあみポニーMIX（ミックス） ・・・・・・・・・・・・・・・・・・・・・・・・・ 154
ツインつのおだんご ・・・・・・・・・・・・・・・・・・・・・・・・・・・・・・・・ 156
みつあみ×くるりんぱ ・・・・・・・・・・・・・・・・・・・・・・・・・・・・・・・ 157
テーマ別ヘアスタイル クールアレンジ ・・・・・・・・・・・・・・・・ 158
W（ダブル）くるりんぱひとつ結（むす）び ・・・・・・・・・・・・・・・・・・・・・・・ 158
かっちりあみこみツイン ・・・・・・・・・・・・・・・・・・・・・・・・・・・ 160
サイドすっきりピンどめ ・・・・・・・・・・・・・・・・・・・・・・・・・・・ 161
テーマ別ヘアスタイル おでかけ＆デート ・・・・・・・・・・・・・ 162
ゴージャスくるりんぱ ・・・・・・・・・・・・・・・・・・・・・・・・・・・・・ 162
サイドねじりヘア ・・・・・・・・・・・・・・・・・・・・・・・・・・・・・・・・・ 163
テーマ別ヘアスタイル スポーツ ・・・・・・・・・・・・・・・・・・・・・ 164
サイドポニー ・・・・・・・・・・・・・・・・・・・・・・・・・・・・・・・・・・・・・ 164
ハーフ表（おもて）あみこみ ・・・・・・・・・・・・・・・・・・・・・・・・・・・・・・・・ 165
テーマ別ヘアスタイル セレモニー ・・・・・・・・・・・・・・・・・・・ 166
W（ダブル）くるりんぱハーフツイン ・・・・・・・・・・・・・・・・・・・・・・・・・ 166
トリプルみつあみアップ ・・・・・・・・・・・・・・・・・・・・・・・・・・・ 167
髪（かみ）のおなやみSOS（エスオーエス）!!! ・・・・・・・・・・・・・・・・・・・・・・・・・・・・・・・・・ 168
おなやみ1　くせっ毛（け）でうまくアレンジできない！ ・・・・・ 168
おなやみ2　ねこっ毛（け）でぺたんこになっちゃう！ ・・・・・・ 170
おなやみ3　髪（かみ）が多（おお）くてまとまらない！ ・・・・・・・・・・・・・ 172
おなやみ4　短時間（たんじかん）でちゃんとアレンジしたい！ ・・・・・・・・・ 174
もっとステキなヘアスタイルをめざそう！ ・・・・・・・・・・・ 176
美容室（びようしつ）でのオーダーのしかた ・・・・・・・・・・・・・・・・・・・・・ 176
髪（かみ）を洗（あら）うときのポイント ・・・・・・・・・・・・・・・・・・・・・・・・ 178
髪（かみ）のかわかしかた ・・・・・・・・・・・・・・・・・・・・・・・・・・・・・・ 179
おぼえておきたいヘアケア ・・・・・・・・・・・・・・・・・・・・・・・・・ 180
キラキラの髪（かみ）を作（つく）る食（た）べもの ・・・・・・・・・・・・・・・・・・ 181
コラム どんなときもかわいく写（うつ）るヒケツを伝授（でんじゅ）！ ・・・・ 182

PART 4 ステキ女子になるためのマナー

まんが マナーと身だしなみをみがいてさらにかわいくなっちゃお☆ ……… 184

- **ルール1** きれいに見える立ちかた ……… 186
- **ルール2** きれいに見える座りかた ……… 190
- **ルール3** 好感度をアップさせる食事のマナー ……… 192
- **ルール4** ステキ女子になるためのふるまいかた ……… 196
- **ルール5** ステキ女子になるための7つの習慣 ……… 200
- **ルール6** モテ女子の必須アイテムを大公開! ……… 202

コラム スキンケア&ネイルに挑戦してみよう! ……… 204

- スキンケア1 ふだんのお手入れ ……… 205
- スキンケア2 季節ごとのお手入れ ……… 206
- ネイル1 つめのお手入れ ……… 207
- ネイル2 ネイルにチャレンジしてみよう! ……… 208

巻末スペシャルふろく 恋も友情もうまくいく! キラキラノート&手紙の作りかた

- わたしだけのキラキラノートを作ろう! ……… 巻末2
- ノート作りに必要なアイテム ……… 巻末3
- 好きなコーデや小物をスクラップ! ……… 巻末4
- 「なりたいじぶん」になるためのノートを作ろう ……… 巻末6
- 友達やカレとの思い出をノートに残そう ……… 巻末8
- 友達やカレが笑顔になるメール&手紙の書きかた ……… 巻末10
- 友達へのメール/カレへのメール ……… 巻末11
- 手紙で気持ちを伝えよう ……… 巻末12

イラストレーター紹介 ……… 209

めざせアカぬけ！
じぶんカラー診断 &
じぶんシルエット診断

じぶんカラー診断
小顔に見える、
目力がアップするなど、
じぶんにぴったり合う
服の色がわかるよ！

➡ P.14へ

じぶんシルエット診断
スタイルがよく見える、
アカぬけて見えるなど、
じぶんがかがやく
服の素材や形がわかるよ！

➡ P.36へ

じぶんカラー診断って？

本当ににあう色を身につけて、もっとかわいく、おしゃれになろう！

じぶんににあう色を見つけよう！

肌や髪、目の色によってにあう色はちがうよ

「じぶんカラー」は、じぶんをいちばんキラキラかがやかせてくれる色のこと。これから紹介するカンタンな診断で、本当ににあう色を見つけてね。

特徴によって4つのタイプにわかれるよ

春タイプ

春に咲くカラフルな花のような、明るくてクリアな色がにあう。

20ページへ

夏タイプ

明るいグレーがまざったスモーキーカラーや、すずしげな色がにあう。

24ページへ

秋タイプ

深みのあるあたたかい色や、おちついた大人カラーがにあう。

28ページへ

冬タイプ

ビビッドカラーやモノトーン、クリスマスカラーなどがにあう。

32ページへ

カラーシートでじぶんカラーを診断しよう

次は、診断用カラーシートでじぶんカラーのタイプをチェック。診断をするときは、外の光が入る明るい部屋をえらぼう。髪の長い子は、髪が顔にかからないように、ターバンやヘアゴムで髪をまとめておいてね。

16ページ〜19ページの診断用カラーシートを顔に近づけて、それぞれの顔うつりをチェックしよう

PART 1 にあう色とシルエット

にあう　　　にあわない

わたしはこっちっ！

春タイプ　夏タイプ　秋タイプ　冬タイプ

顔うつりの見かた

カラーシートをあてたときに、じぶんの肌の色がきれいに見えればOK。わかりにくい場合は、カラーシートに手をのせてみるといいよ。

「顔うつりがいい」ってどういうこと？

- ✔ 肌が健康的に見える
- ✔ 小顔に見える
- ✔ あごがすっきりして見える
- ✔ 目力がアップする
- ✔ ニキビやそばかすが目立たなくなる

春タイプ　診断用カラーシート

夏タイプ 診断用カラーシート

秋タイプ　診断用カラーシート

冬タイプ　診断用カラーシート

SPRING
春タイプの特徴は？

あたたかみのあるかわいいカラーがぴったり☆

黄色がまじった、あたたかみのある色の中でも、明るくあざやかな色がにあうタイプ。キュート、ポップなイメージの色がよくにあうよ。

髪の色
もとの髪色が明るめの人が多いよ

瞳の色
明るい茶色、濃い茶色など

肌の色
色白さんや明るい肌色の人が多いよ

春タイプににあう色

| ピーチピンク | コーラルピンク | オーロラ | パラダイスピンク | キャンディピンク |

| ポピーレッド | メロン | マンゴーオレンジ | グレナデン | ハニーイエロー |

| バナナミルク | サンフラワー | ライムグリーン | プリマヴェーラ | パロットグリーン |

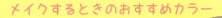

メイクするときのおすすめカラー

リップ

黄色がまざったナチュラルカラー

ベージ系　オレンジ系　ブラウン系

ネイル

春らしいピンク&ブルーがぴったり

ピーチピンク　パラダイスピンク　エンジェルブルー

エメラルドグリーン　ゴールデンイエロー　トワイライトブルー　エンジェルブルー　アクアマリン

ターコイズブルー　ブルーバード　クロッカス　スイートバイオレット　ミルキーホワイト

フェザーグレー　ビスコッティ　キャメル　アーモンド　コーヒーブラウン

SUMMER 夏タイプの特徴は？

あじさいの花のような やわらかい色がおにあい

青色がまじった、すずしげな色の中でも、ソフトな色がにあうタイプ。あわいグレーがまざった色がよくにあうから、清潔感のあるコーデがバッチリはまるよ。

髪の色
やわらかい黒など

瞳の色
黒など

肌の色
少し青白い感じの白い肌、黄色みが少ない肌色など

夏タイプににあう色

ベビーピンク	ピンクレディ	ローズピンク	ブライダルローズ	オペラピンク
オールドローズ	パウダーブルー	ラベンダーブルー	ブルーリボン	ブルーロイヤル
ラベンダーグレー	インディゴ	ストロベリー	フランボワーゼ	ルビー

メイクするときのおすすめカラー

リップ
白い肌をきれいに見せるピンク系

- ピンク系
- ローズ系
- ピンクベージュ系

ネイル
ひかえめなカラーもよくにあうよ

- ピンクレディ
- オールドローズ
- ペールライラック

- ペールアクア
- ペパーミントグリーン
- ターコイズグリーン
- シトラスイエロー
- ペールライラック

- ラベンダー
- オーキッドスモーク
- マロー
- ベビーブルー
- マシュマロ

- グレーミスト
- スカイグレー
- ダークブルーシャドー
- シャンパン
- ココア

PART 1 にあう色とシルエット

夏タイプをかわいく見せるコーデ例

エレガントなピンクを主役にしたコーデと、やわらかい色合いのコーデ。どっちもキマるのが夏タイプさんの強み！

ココをチェック1
さわやかなブルーで甘さをちょっぴりおさえて。

ココをチェック2
ピンクのグラデでスタイリッシュに☆

ココをチェック3
ストラップが足首の細さを強調してくれるよ。

レディなピンクが肌の透明感を引きたてる！

AUTUMN

秋タイプの特徴は?

深みのあるシックな カラーでオトナっぽく！

黄色がまじった、あたたかみのある色の中でも、こっくりした深みのある色がにあうタイプ。ベージュ系や茶系の色をベースにしたコーデがおすすめ。

髪の色
深みのあるダークブラウンなど

瞳の色
深みのあるダークブラウンなど

肌の色
おちついた深みのある肌色、ツヤが少ないマットな肌など

秋タイプににあう色

シェルピンク	サーモンピンク	カーディナル	ダスティーオレンジ	カッパーレッド
アゲット	パプリカ	マスタード	サフランイエロー	パンプキン
キャラメル	ブルーブラック	ナイルブルー	ティールブルー	キャンドルブルー

メイクするときのおすすめカラー

リップ

黄色がまじったカラーがなじむよ

ベージュ系　オレンジ系　ブラウン系

ネイル

深みのある色でつめまでおしゃれに

シェルピンク　ダスティーオレンジ　バジル

バジル	グリーンティー	モスグリーン	クロワッサン	モスグレー
ミストグリーン	オリーブ	アッシュグレー	ジャングルグリーン	バニラホワイト
ブラウンシュガー	カプチーノ	カフェモカ	ビターチョコレート	プラム

PART 1 にあう色とシルエット

秋タイプをかわいく見せるコーデ例

おちついたカラー同士でも、色の組み合わせや柄の使いかたでおしゃれにキマる。イメチェンも自由自在だよ！

ココをチェック1
えりもとのリボンには、首まわりをきゃしゃに見せる効果も！

ココをチェック2
秋タイプのおちついたピンクなら、上下で着ても品よくキマるよ。

ピンク系グラデはモテ度UPのコンビ☆

ココをチェック3
ちょっぴりごつめのショートブーツが、足を細く長く見せてくれるよ♡

シックな色を組み合わせた
優等生風スタイル

PART 1 にあう色とシルエット

ココをチェック1
ワンピをシャツのようにはおるだけで、いつものコーデがおしゃれに変身！

ココをチェック1
ボーダー柄で、こっくりとしたイエローをカジュアルにしあげよう。

ココをチェック2
きちんと感のあるネイビーのスカートは、着まわしがしやすい便利なアイテム☆

ココをチェック2
おちついたグリーンをチラ見せして、ちょっぴり大人っぽくキメて！

大きめチェックのワンピが主役のロック風コーデ

WINTER
冬タイプの特徴は?

はっきりとした色も ペールカラーも OK

青色がまじった、すずしげな色の中でも、あざやかな色がにあうタイプだよ。モノトーンコーデや、ビビッドカラーを主役にしたはなやかなコーデがぴったり。

髪の色
まじりけのない黒が多いよ

瞳の色
黒目と白目がはっきりわかれているのが特徴

肌の色
色白、黄色がかった肌など

冬タイプににあう色

 パールピンク
 オーキッド
 カメリアピンク
 フューシャ
 チェリーピンク

キャンディイエロー
ブルーキュラソー
パシフィックブルー
ブリリアントブルー
オリエンタルブルー

ラピスラズリ
ミッドナイトブルー
インペリアルレッド
セリーズ
ディープラズベリー

メイクするときのおすすめカラー

リップ

いちおしカラーはピンク系！

- ピンク系
- ローズ系
- ピンクベージュ系

ネイル

あわい色でもシックにきまるよ

- パールピンク
- フューシャ
- シルバーグレー

| グレープワイン | クリスタルグリーン | モーニングミスト | マラカイト | ビリヤードグリーン |

| ブリティッシュグリーン | スイートライラック | ロイヤルパープル | バーガンディー | スノーホワイト |

| シルバーグレー | ムーンライト | クリスタルベージュ | チャコールグレー | ミステリアスブラック |

冬タイプをかわいく見せるコーデ例

大人っぽいイメージや、クールなイメージにしたいときは、パープルやモノトーンを主役にしてみて。

ココをチェック1
そでとすそのフリルで、クールなパープルにガーリー成分をちょい足し！

ココをチェック2
濃さのちがうパープルをかさねると、コーデ全体にまとまりが出るよ。

人気のパープルで大人クールにキメて

ココをチェック3
黒のフラットシューズで、足もとをすっきりさせるとオトナっぽいよ。

PART **1** にあう色とシルエット

ココをチェック1
黒のキャップで、こなれ感をプラスするのがポイント。

ココをチェック1
あざやかなピンクも着こなせるのが、冬タイプさんの強みだよ♡

みんなの注目をあつめる はでめ×はでめカラー

モノトーンコーデは 小物使いがきめて！

ココをチェック2
反対色のブルーで、ピンクの甘さをピリリとひきしめて♪

ココをチェック2
ふとめのパンツでも、ストライプなら下半身がすっきり！

じぶんシルエット診断って?

カンタンな診断で、じぶんの骨格タイプとにあう服がわかる!

体型をきれいに見せるファッションを知ろう

わたしににあうのは、どんな服?

首の長さ、体のあつみ、筋肉のつきぐあいなどから、じぶんの骨格タイプを見つけるのが「じぶんシルエット診断」。タイプによって、にあう服のデザイン、柄も変わるよ。

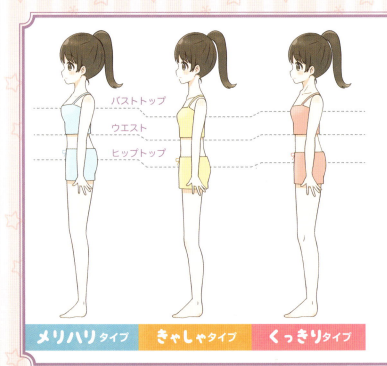

バストトップ
ウエスト
ヒップトップ

メリハリタイプ　きゃしゃタイプ　くっきりタイプ

骨格によって3つのタイプにわかれるよ

メリハリタイプ
体全体にあつみがあり、メリハリのついた体型。

きゃしゃタイプ
体全体がうすく、きゃしゃな体型。

くっきりタイプ
関節が大きく、シャープな骨組みがめだつ体型。

じぶんシルエット診断なら……
- ✓ やせて見える
- ✓ スタイルよく見える
- ✓ アカぬけた印象になる

首の長さ／ろっ骨の終わり／骨盤の位置／ウエストエリアの長さ

メリハリタイプ　きゃしゃタイプ　くっきりタイプ

PART 1　にあう色とシルエット

診断用チェックシート

当てはまる項目にチェックを入れよう

メリハリタイプ

頭・首
- [ ] 頭のうしろに丸みがある
- [ ] 首は短い
- [ ] 首の太さは全体的にかわらない

からだ
- [ ] 筋肉がつきやすい
- [ ] 鎖骨（肩の前のほうにある左右にのびた骨）はあまり出ていない（やせていてもめだたない）
- [ ] 胸元にあつみがある（Ｖネックを着ても、すきまができずにフィットする）
- [ ] 腰の位置が高い
- [ ] やせてもきゃしゃな印象にはならない
- [ ] 丸みのあるおしりで位置が高い

手足
- [ ] 手首はあつみがあるけれど幅は細い
- [ ] あつみのある手、大きさは身長のわりに小さい
- [ ] 太ももにはパンとしたハリがあるけれど、ひざ下は細い
- [ ] ひざの皿は小さくほとんど出ていない
- [ ] 靴のサイズは身長のわりに小さい

このタイプでいちばん当てはまる項目が多かった人は
➡ **42** ページへ GO！

診断用チェックシート

当てはまる項目に
チェックを入れよう

頭・首

- [ ] 頭の後ろはひらべったい
- [ ] 首は長い
- [ ] 首はつけ根に向かってなだらかに広がる

からだ

- [ ] 筋肉がつきにくい
- [ ] 細い鎖骨が出ている
- [ ] 胸元が薄い（Vネックを着ると、すきまができやすくフィットしない）
- [ ] 腰の位置が低い
- [ ] 太ると下半身にボリュームが出る
- [ ] 平らな感じのおしりで位置は低い

手足

- [ ] 手首は薄くて平べったい
- [ ] 肉づきがうすい手、大きさは身長とつりあっている
- [ ] 太ももはほっそりしている
- [ ] ひざの皿が出ている
- [ ] 靴のサイズは身長とつりあっている

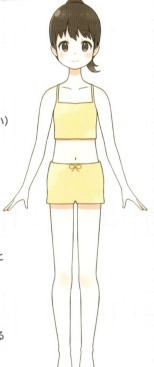

このタイプでいちばん当てはまる項目が多かった人は
➡ **46**ページへGO！

診断用チェックシート

当てはまる項目にチェックを入れよう

くっきりタイプ

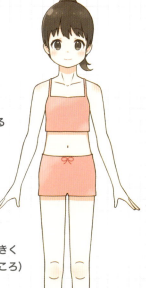

頭・首
- □ 頭のはち（はちまきをする部分）が大きい
- □ えらがはっている
- □ 首は太めで筋がめだつ
- □ ほお骨がめだつ

からだ
- □ 全体的に骨がめだつ
- □ 太い鎖骨がくっきり出ている
- □ 肩甲骨（背中側、肩の下あたりにある三角形の骨）が大きくめだつ
- □ 太ったりやせたりしにくい
- □ ヒップは厚みがあるけれど平面的（丸みはあまりない）

手足
- □ 手首の左右にある骨の出っぱりが大きくめだつ（「手のくるぶし」のようなところ）
- □ 指の関節が太い
- □ 手は身長のわりに大きい
- □ ひざの皿は大きい
- □ 靴のサイズは身長のわりに大きい

このタイプでいちばん当てはまる項目が多かった人は
⇨ **50ページへGO！**

当てはまるタイプに迷ったら

診断の結果はどうだったかな？ もし、2つ以上のタイプに同じくらいチェックがついてしまったら、下のポイントをよんでみてね。できるだけ正しい診断をするためのアドバイスをまとめているよ。

じぶんにきびしすぎない？

本当はそんなことないのに、じぶんのことを「首が太い」「足が太い」なんてきびしく見すぎていない？ スタイルのいいモデルや芸能人とくらべたりしないで、同学年の女の子たちとくらべて考えてみてね。

身長や体重は関係なし！

診断をするときに、背の高さや体重は考えなくてOK。「背が高いからくっきりタイプかも」なんて決めつけると、きちんと診断できなくなってしまうから気をつけて☆

それでも迷ったら試着してみよう

きちんとチェックしても、診断がむずかしい！ そんなときは、42ページから紹介している、各タイプににあうファッションを試着してみよう。全身のバランスがいちばんきれいに見えたら、それがじぶんのタイプになるよ♪

PART 1 にあう色とシルエット

メリハリタイプの特徴は?

よくあるおなやみ **着太り**を解消!

ポイント1
頭のうしろに丸みがある

ポイント2
首は短め

ポイント3
胸とおしりの位置は高め

シンプルコーデがにあう 健康的なメリハリボディ

体全体にあつみがあり、筋肉がつきやすい。全身のバランスは、上半身にボリュームがあって、ひざから下は細いのが特徴だよ。服をえらぶときは、シンプルなデザインで、ちょうどいいサイズ感のものを基本にしてね。

にあう素材

ほどよい厚みとしなやかなハリ感があるもの

こんな服&デザインがにあう！

トップス

- えりつきシャツや目のつまったニットなど、シンプルなきれいめアイテム
- ゆるすぎず、ぴったりしすぎない、ちょうどいいサイズ感の服

目のつまった
シンプルなニット

きれいめのTシャツ

ボトル
ネックの
カットソー

ボトム

- スカートはひざ上くらいの丈があうよ
- パンツ丈はハーフやフルレングスがにあうよ

ストレート
ジーンズ

ひざ上丈の
スカート

ワイドパンツ

大きめの柄をえらぼう

大きな水玉

アーガイル
チェック

大きな花柄

ストライプは
どんな太さでも
OK

NG

千鳥格子

ギンガムチェック

小花柄

PART 1 にあう色とシルエット

メリハリタイプ に にあう ファッション

えりつきのストレートな
ワンピは、首と上半身を
きれいに見せてくれる。
せいそなふんいきでモテ
度もUP☆

タテ長シルエットで
上半身も細見え！

すらりとしたひざ下を生
かしたコーデ。タテ長の
シルエットで、全身を
すっきりと見せて。

レディな気分を上げる
せいそ系ワンピ

きゃしゃタイプの特徴は？

よくあるおなやみ 貧相な印象を解消！

ポイント1
首は長め

ポイント2
鎖骨や肩甲骨は細く、出ている

ポイント3
胸とおしりの位置は低め

ソフトな素材の服できゃしゃな体型をカバー

うすくてきゃしゃな体つきで、筋肉がつきにくいのが特徴。キュート、甘い、はなやか、などのイメージのファッションがよくにあうよ。胸下にきりかえがあるデザインは足を長く見せてくれるからおすすめ。

にあう素材
やわらかく薄でのもの、
ふんわりしたボリューム感のあるもの

こんな服&デザインがにあう！

トップス

- ボートネックやオフショルダーなど、首まわりが横長に開いたデザイン
- きゃしゃな手首や二の腕を見せる、七分丈やノースリーブ

はなやかなブラウス

目のつまった甘めのニット

キャミソール

ボトム

- フレア、ハイウエスト、ティアードなど、いろんなデザインのスカートがにあう
- パンツなら、足を見せるショートパンツ、クロップドパンツがおすすめ

チュールスカート　ミニスカ　ショートパンツ　クロップドパンツ

小さめの柄をえらぼう

小さな水玉

小さな花柄

千鳥格子

NG
大きな花柄
太いボーダー
大きな水玉

ギンガムチェック

ヒョウ柄

ペイズリー

PART 1 にあう色とシルエット

くっきりタイプの特徴は？

よくあるおなやみ
がっしり見えを解消！

ポイント1
頭のはちが大きい

ポイント2
首が筋ばっている

ポイント3
鎖骨や肩甲骨は太く、出ている

ナチュラルなふんいきの素材＆服がぴったり

くっきりとした骨格で、関節が大きめ。体のあつみは、人によって差があるよ。にあうのは、カジュアル、ボーイッシュ、スポーティーなイメージのファッション。服をえらぶときは、ゆったりとしたサイズ感のものを。

にあう素材
カジュアルなもので、洗いざらしの質感、シワ感、シャリ感などがあるもの

こんな服＆デザインがにあう！

トップス

- ゆったりとしたサイズ感で、丈が長めのもの
- こなれたおしゃれ感を出すなら、男の子用のシャツやニットもおすすめだよ

目のあらいタートルニット

アランセーター

ボヘミアンブラウス

ボトム

- ストレートなシルエットのスカート
- ボリュームのあるロンスカ
- 丈が長めの、ゆったりとしたパンツ

フレアたっぷりのロンスカ / ガウチョパンツ / カーゴパンツ

カジュアルorナチュラルな柄をえらぼう

ペイズリー / ギンガムチェック / ナチュラルな花柄

NG

水玉

アーガイルチェック

ストライプはどんな太さでもOK

千鳥格子 / ヒョウ柄

PART 1 にあう色とシルエット

カシコイ女子の お買いもの計画！

お金の管理や小物を長持ちさせるテクを教えるよ！

計画 1

おこづかい帳をつけよう

お金の上手な使いかたがしぜんと身につくよ！

カシコイ女子をめざすなら、お金の使いかたや小物のお手入れテクを身につけておいてソンなし！　きちんと続けるうちに、女子力もどんどんUPするよ。

おこづかい帳をつけるとイイこといっぱい！

むだ使いが少なくなる！
じぶんのお金の使いかたをチェックできるから、しぜんとむだ使いが少なくなるよ！

お金の管理が身につく！
目標や予算を立てることで、お金の上手な使いかたが身につくよ。

本当にほしいものがわかる！
お金の大切さがわかると、本当にほしいものとそうでないものもわかるようになるよ♪

おこづかい帳のつけかた

基本はコレ！

2019年 5月♥

目標 1000円はのこそう！　予算　　　　円

日付	事柄	収入	支出	残高
5/3	ノート		100	2352
5/3	けいこうペン		135	2217
5/5	おばあちゃんからおこづかい♥	1000		3217
合計				

日付
記録をつけた日を書きこもう。

事柄
おこづかいをくれた人や、お金の使い道を書こう。

収入
おこづかいをもらったときは、その金額を書きこもう。

支出
おこづかいを何にいくら使ったかを書きこもう。

残高
おこづかいがいくら残っているかを書きこもう。

「予算」を立ててみよう

その月に使うお金を、「今月使うのは〇円まで」と決めておこう。予算の中でお金を使えば、むだ使いがグッと少なくなるはず！

「目標」を立てよう

「かわいいアクセを買うためにお金をためる」など、目標を立てることも大事。お金をためたり、節約したりする習慣が身につくよ。

ノートをデコってもOK

ふつうのノートに表を書きこんで、オリジナルのおこづかい帳を作ってもGOOD。マステやシールで、かわいくデコっちゃおう！

計画 2　おきにのバッグを長持ちさせよう

置きっぱなしはNG！
バッグを置きっぱなしにしていると、すぐによごれたりいたんだりしちゃうよ。大事にあつかって、いつもピカピカの状態をキープしよう！

棚の一部をバッグ用に
棚に空きを作って、バッグを立てて置こう。ショルダーバッグやセカンドバッグにおすすめの収納テクだよ。

S字フックにぶら下げる
立てては置きづらいトートバッグは、ぶら下げておくとGOOD。風通しのいい場所をえらんでね♡

かごや収納ケース
100円ショップで買える、かごや収納ケースを活用。バッグのサイズに合わせられるのも魅力だよ☆

計画 3　靴のお手入れも忘れずに！

こまめなケアでグンと長持ち！
靴を長持ちさせるコツは、何日も続けてはかないことと、よごれたら早めにブラシやクロスできれいにすること。もちろん、ふだんのお手入れも大切だよ。

お手入れテク1
新しいスニーカーをはくときは、防水スプレーをかけておこう。よごれにくくなるよ。

お手入れテク2
布製の靴を洗ったら、イラストのように曲げたハンガーで干すと◎。形のくずれもふせげるよ。

お手入れテク3
靴は風通しのいい場所に置いておこう。においやカビの防止になるよ。

PART 2 365日使える！コーデで学ぶ おしゃれルール

ルール 1
色の組み合わせでアカぬけ！
一気に上級者に見える！
上手な色の合わせかたを紹介☆
➡ P.60 へ

ルール 2
柄ものの合わせかた
ルールがわかれば柄同士を
合わせるのもかんたん！
➡ P.66 へ

ルール 3
コーデのテーマを決めよう
ガーリー全開？
思いきってロック風に？
今日のテーマを選ぼう
➡ P.72 へ

ルール 4
基本の6着で7DAYS着まわせる！
同じ服でも上手に着まわせば、
全然印象は変わるよ♪
➡ P.88 へ

ルール 5
小物えらびでもっとセンスアップ！
おしゃカワ道をきわめるなら、
靴や帽子、だてめがねも
使いこなそう
➡ P.104 へ

ルール1 色の組み合わせでアカぬけ！

おしゃカワをめざすなら、まずは上手な色の合わせかたを
おぼえよう。コーデの幅もグッとひろがるよ！

ポイント1 相性のいい組み合わせは？

同系色でまとめる

赤とピンク、イエローとオレンジなど、近い色同士の組み合わせ。モノトーンをさし色にすると、よりおしゃれに見えるよ。

オレンジの
トレーナー
＋
ベージュの
ショートパンツ

反対色でメリハリ

赤と青、黄とネイビーなどが、反対色にあたる組み合わせ。コーデにメリハリを出したり、それぞれの服をひきたてる効果があるよ。

ピンクの
Tシャツ
＋
ブルーの
クロップドパンツ

たよれるモノトーン

白、黒、グレーなどのモノトーンは、失敗しづらい組み合わせ。靴や小物にモノトーン以外の色をとり入れると、おしゃれ度UP！

白のパーカー
＋
白×グレーの
ミニスカ

ポイント2　3色までにおさえると、まとまり感が出るよ！

ばっちりキメたコーデなのに、ちぐはぐに見えちゃうなんてことはない？そんなときは、合わせる色を3色までにおさえてみて。まとまりが出て、すっきりおしゃれにキマるよ♪

> 色を使いすぎないのがおしゃカワの基本だよ

ベースカラー

コーデのメインになる色。ベースカラーによってコーデの印象がかわる。

アソートカラー

ベースカラーをひきたてたり、コーデにまとまりを出す役割があるよ。

アクセントカラー

全体の10パーセントくらいをしめる色。靴やバッグなどに使う色で、コーデにメリハリをつける役割があるよ。

PART 2　おしゃれルール

色が持つ効果をファッションにとり入れよう

モテ度をUP↑

ピンク　オレンジ

明るいふんいきを作ったり、相手に好印象をあたえる効果があるよ。

知的さUP↑

青　紺

おちついた、まじめなコに見られたいときは、この色をえらぼう。

したしみやすさUP↑

黄

友達を作りたいときは、元気で明るいイメージの黄色を身につけてみて。

同系色コーデ

合わせた色

 マスタード

＋

 グリーン

＋

 ダークブラウン

元気いっぱい！おちゃめなスクールガール

チェック1
マスタードをベースカラーにして、活発なイメージに。

チェック2
スクールふうのコーデといえば、やっぱりチェック柄！

チェック3
ソックスのダークカラーで、コーデをひきしめるのがポイント。

反対色コーデ

合わせた色

♥ ブルー
＋
♥ オレンジ
＋
♡ 白

トリコロールふうの配色は
ハズさない組み合わせ☆

PART 2 おしゃれルール

チェック1
青のスタジャンは、甘辛MIXにもスポーティーにもキメられるお役立ちアイテム！

チェック2
ボトムはボリュームのあるスカートにして、女の子らしさをプラスしてね。

チェック3
スニーカーの色をアウターとそろえると、まとまりが出るよ♡

モノトーンコーデ

合わせた色

黒（くろ） ＋ 白（しろ）

おしゃカワのヒミツは
バランスとソックスにあり

チェック1
オフタートルなら、黒でもキュートにキマる。首まわりをほっそり見せる効果も！

チェック2
かろやかな白のミニスカで、トップスとのバランスをとるのがコツだよ。

チェック3
ソックスにボーダーなどの柄を入れると、アカぬけ度がUP↑

3色モテコーデ

合わせた色

ブルー
＋
ピンク
＋
白

甘すぎないぜつみょうな
バランスで好感度も急上昇！

チェック1
ライダースふうデニムジャケットは、コーデのひきしめ役にぴったり！

チェック2
ちらりと見えるインナーの白が、コーデに軽さを出すポイント。

チェック3
トップスがクールな印象だから、甘いアイテムもいやみにならないよ♪

PART 2 おしゃれルール

柄ものの合わせかた

柄ものは合わせるのが難しそう、なんて思ってない？
ここでポイントをおさえて、ぜひとり入れてみてね。

ポイント1　無地と組み合わせるのが基本だよ

1枚で主役になれる柄もののアイテムは、柄を引き立てる無地のアイテムと合わせるのが基本。柄もの初心者さんには、チェックやボーダーなどのシンプルな柄がおすすめだよ☆

ボーダーの
セーラーTシャツ

ハイウエストの
ショーパン

リボンつき
ブラウス

花柄のミニスカ

同じコーデでも
柄ものをとり入れると
こんなにかわいくなるよ！

ロゴ入りTシャツ

マリンふう
ボーダー柄ミニスカ

66

ポイント2 イメージに合った柄をえらぼう

柄ものを着てみたいけど、どの柄をえらべばいいのかわからない……。そんなときは、なりたいイメージに合わせて柄をえらぶといいよ。

かわいいイメージ
- ドット
- 花柄
- レース

さわやかなイメージ
- ボーダー
- ストライプ
- ギンガムチェック

ポップ／クールなイメージ
- アニマル
- カモフラ
- 星柄

ポイント3 季節感を出して差をつけよう

秋にタータンチェックの洋服がふえるように、柄ものには季節感を出す効果もあるよ。

春ならはなやかな柄、夏ならさわやかな柄など、季節ごとに合う柄をかんがえてみてね。

春 せいそ、きれいめ、はなやかなイメージの柄
ピンストライプのきれいめシャツ

夏 さわやかなイメージの柄ですずしげに
ボーダーのワンピ

秋 おちついた柄でシックにまとめて
タータンチェックのプリーツミニ

冬 ノルディック柄は冬らしさ満点！
ノルディック柄の手あみふうニット

無地＋柄コーデ

大きなチェック柄でちょこっとボーイッシュ

チェック1
ボーイッシュなコーデのときは、ヘアスタイルで女の子っぽさをのこすといいよ。

チェック2
赤×白の大きなチェックは、元気で明るいイメージ♡

チェック3
デニムも合うけど、カーキのパンツならおしゃれな印象に。

挑戦しやすい組み合わせだから、柄もの初心者さんにもおすすめ！

柄でかわいくモテコーデ

インパクトのある
ダルメシアン柄が今日の主役

チェック1
シンプルに見えるけど、サイドにリボンがついたワザありニット☆

チェック2
ダルメシアン柄はモノトーンだから、意外に使いまわしやすいよ。

チェック3
ちょこっとピンクをきかせて、足もとでキュートさを底上げ！

PART 2 おしゃれルール

柄のマジックで、
パッと目をひく
おしゃカワガールの
完成☆

季節感のある柄コーデ

夏のひざしにはえる
すずしげなストライプ

チェック1
リボンカチューシャで髪もすっきり、さわやかにまとめて。

チェック2
Tシャツはインして、上半身のボリュームをおさえよう。

チェック3
ブルー×黄色のストライプは、夏にぴったりの組み合わせ！

おしゃれ上級者を
めざすなら、
色だけじゃなく柄でも
季節を意識してみて♪

上級者向け！柄×柄コーデ

チェック1
シンプルなボーダー柄は、柄×柄コーデが作りやすいよ。

チェック2
花柄のシャツワンピの前をあけて、重ね着するとおしゃカワ！

チェック3
素足にサンダルで、足もとをすっきり見せるとバランス◎

柄もの同士を組み合わせるコツを、ここでマスターしちゃおう！

PART 2 おしゃれルール

いつものコーデに柄を加えて大変身☆

ルール3 コーデのテーマを決めよう

いつもコーデに迷っちゃうなら、まずテーマを決めてみてね。毎日の服えらびがとってもラクになるよ！

ポイント1 テーマにそった服を合わせてみよう

服をえらぶとき、今日はどんなふんいきにしたいか考えてみて。「女の子っぽく」「少しカジュアルに」などのイメージがうかんだら、それをテーマにしてコーデを決めよう。

ガーリーなふんいきもいいけど、ボーイッシュな感じもわるくないかも……

テーマ別のコーデ例はこちらでチェック！

ガーリー
74 ページへ

カジュアル
76 ページへ

スポーティ
78 ページへ

クール
80 ページへ

甘辛MIX
82 ページへ

ロック
83 ページへ

フレンチ
84 ページへ

ボーイッシュ
85 ページへ

スクール
86 ページへ

カラフル
87 ページへ

ポイント2 シーンに合わせてテーマを決める

おでかけするときは、行く場所によってテーマを考えるといいよ。たとえば家族で食事に行くなら、ちょっぴりおめかししてみたり。場所に合ったコーデにすれば、気持ちもウキウキするはず！

友達とショッピング

思いきりお買いものを楽しみたいなら、かわいくて動きやすい服がおすすめだよ。

カレとデートへ

ワンピやガーリーな色使いで、学校とはちがう女の子っぽいわたしをアピール！

おしゃれで動きやすさもバッチリな、マスタード色のジャンスカ

えりつきのチェック柄ワンピなら、カレをドキッとさせられそう☆

ライブでハジける！

はでめカラーや柄もののアイテムなど、いつもより大胆なコーデに挑戦！

大好きなアイドルのライブ。カモフラ柄のミニスカで気分をアゲて！

ガーリー

女の子らしいあしらいと色使いがモテのヒケツ

女の子っぽさをアピールするなら、レースやフリル、リボンをあしらったアイテムがぴったり。ピンク、ラベンダー、淡いイエローなど、ソフトな色を入れると、ガーリー度がアップするよ♡

すける素材でせんさいさをアピール☆

ガーリーコーデ 成功のオキテ

- ✓ レース、フリル、リボンをあしらった服や小物を取り入れよう。
- ✓ ソフトな色使いがカギ。甘いふんいきになりすぎたら、モノトーンでひきしめて!

カジュアル

ゼツミョーなバランスで ラフでもおしゃれ見え☆

ラフなふんいきが魅力のカジュアルコーデ。ゆったりした服と、ジャストサイズの服を合わせるのが、だらしなく見えないポイントだよ。ヘアスタイルもラフにまとめるとイイ感じ！

重ね着とかっちりした 足もとがおしゃれ

Casual

カジュアルコーデ
成功のオキテ

- ✓ ゆったり＆ジャストサイズの服を組み合わせて、ゆるすぎないバランスに！
- ✓ ツインテ、ゆるいみつあみなど、ラフなヘアスタイルがおにあい。

ふんわりロンスカで
ナチュラルなふんいきに

何にでも合わせやすいデニムジャケットは、カジュアルコーデの定番。ミニスカを合わせるのもいいけど、こんな草木柄のロンスカでリラックス感を出してもGOOD。

PART 2 おしゃれルール

Tシャツとダメージふうデニムを合わせて、ちょっぴりやんちゃなイメージに。腰にまいたパーカーが、コーデのアクセントになっているよ。

腰にまいたパーカーで
こなれ感をプラス

スポーティ

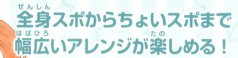

**全身スポからちょいスポまで
幅広いアレンジが楽しめる！**

いかにも動きやすそうな、スポーティな服をとり入れたスタイル。スカートスタイルにキャップを合わせたり、ワンピとライン入りパンツを重ね着したり、いろんな組み合わせを楽しんでみてね♡

ミニスカでハズした
ガーリースポ！

スポーティコーデ
成功のオキテ

✔ スポーティなアイテムをメインにするなら、色やシルエットでこなれ感を出して。

✔ キャップやライン入りのアイテムで、ちょいスポをねらうのもアリ！

クール

あこがれのモデルみたいな
お姉（ねえ）さんふうスタイル

お姉（ねえ）さんふうのカッコいいスタイル。モノトーンをベースに、パープルやおちついたオレンジ、カーキなどの色（いろ）を使（つか）うのがおすすめだよ。足（あし）もとはサンダルやローファー、ブーツで☆

Cool

シックなパンツを
Ｔ（ティー）シャツでさらりと着（き）こなして

クールコーデ
成功（せいこう）のオキテ

- ✓ モノトーンでまとめても、おちついた色（いろ）をプラスしてもOK（オーケー）。
- ✓ ジャストサイズの服（ふく）で、コンパクトなシルエットにするとオトナっぽくキマるよ。

80

オトナっぽいコーデにおすすめなのが、モノトーンとも相性のいいパープル。タイトなボトムを合わせると、スタイルよく見える。

オトナパープルはたよれるカラー！

スリムなシルエットにも注目して♪

PART 2 おしゃれルール

くすんだオレンジ＋グレーもおすすめの配色。ちょうどいいサイズ感のニットとストレートパンツで、ほっそりシルエットにしあげてね。

甘辛MIX

甘さをほどよくおさえたよくばりミックススタイル

ガーリー＆クールなアイテムを組み合わせた甘辛MIXは、上手にコーデすると、とってもおしゃれに見えるよ。ちょっぴり女の子っぽく見せたいときにもぴったり♪

クールな青が
フリルの甘さのひきしめ役

甘辛MIXコーデ成功のオキテ

- ✓ トップスとボトムのどちらかをガーリー、もう一方をクールなアイテムにするのが基本。
- ✓ ガーリーなワンピやスカートに、デニムジャケットやモッズコードなどを合わせるコーデもおすすめ。

ロック

ちょっぴりハードにキメて
気分は辛口ロックガール☆

バンドをイメージさせるような、ロックテイストがかっこいい！ライダースジャケット、タータンチェックのミニスカ、ブーツなどが、代表的なアイテムだよ。

黒のライダースは定番中の定番！

PART 2 おしゃれルール

ロックコーデ
成功のオキテ

- ✓ アウターはライダースジャケットかデニムジャケットがイチおし。チェックのスカートと相性がいいよ。
- ✓ スタッズつきのバッグやベルトなど、ロックテイストの小物をプラスしてもOK！

フレンチ

お手本はおしゃれでかわいいパリジェンヌ！

パリの女の子みたいな、おしゃれできれいめなスタイル。赤・青・白のトリコロールカラーが有名だけど、ベージュと赤or青の組み合わせもフレンチの定番だよ！

French

パリの学生ふう
トリコロールコーデ☆

フレンチコーデ
成功のオキテ

- ✓ トリコロールカラーでコーデするなら、赤をひかえめにするとオトナっぽくキマる。
- ✓ ボーダー柄のトップスやベレー帽も、フレンチスタイルの定番アイテム。

ボーイッシュ

男の子っぽいアイテムがキュートさを引き出す

男の子っぽくてかっこいいボーイッシュコーデ。「まるで男の子みたい」と言われないように、どこか1か所に女の子らしい色やデザインを加えてね♡

PART 2 おしゃれルール

男前になりすぎない
ヒケツはさし色にあり!

Boyish

ボーイッシュコーデ
成功のオキテ

- ✔ デニムのシルエットは、スキニーからゆるっとしたボーイフレンドデニムまで、なんでもOK!
- ✔ 女の子っぽい色、デザイン、アイテムをひとつは入れるのが、キュートに見せるポイント。

スクール

かっちりキメすぎない
カジュアル感がきめて

学校の制服を、カジュアルにくずしたようなスタイル。ボトムをショーパンにしたり、スニーカーを合わせたりして、かっちりさせすぎないのがコツだよ。

エンブレムつきのトップスで
チアガールふうに☆

スクールコーデ
成功のオキテ

- ✔ トップスはVネック、エンブレムつきのデザインがおすすめ。冬ならPコートやダッフルコートを着ても◎
- ✔ ボトムや靴でカジュアル感をプラス。かっちりしたアイテムでまとめすぎないようにね。

カラフル

キャンディみたいな色とりどりのコーデ

いろんな色を使って、ポップなイメージに。メインのカラーを2色におさえて、柄ものアイテムで色をくわえると、ハデすぎずにまとまるよ♪

PART 2 おしゃれルール

見ているだけで楽しくなるポップなカラー

カラフルコーデ
成功のオキテ

✓ メインのカラーは2色までにおさえて、マルチカラーのトップスやワンピを1点足すのがコツ。

✓ ライトブルー、レモンイエローなど、明るい色同士で組み合わせると元気なイメージに。

ルール4 基本の6着で7DAYS着まわせる!

いつもにたようなコーデになっていない?
同じ服でも、上手に着まわせば全然印象が変わるよ!

ガーリー 7DAYSコーデ

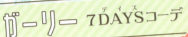

DAY 1

ガーリーテーマの6着はコレ!

ニット
あわいピンクと、胸のししゅうがかわいい。

ブラウス
リボンがついた、きちんと感のあるデザイン。

カーディガン
きれいなイエローの丸首カーディガン。

スカート
着まわしやすいチェック柄のミニスカ。

ワンピース
ベルトつきのシンプルなワンピ。

サロペット
やさしい色と花柄が女の子っぽい。

ワンピからブラウスのえりを出して、きれいめにまとめたコーデ。足もとはハイソ+ストラップシューズでおじょうさまっぽく♪

ピンク×グレーベースのチェック柄が、おしとやかなふんいき。ヘアスタイルと足もとで、少しはなやかさを足すとバランスよし。

DAY 6

DAY 7

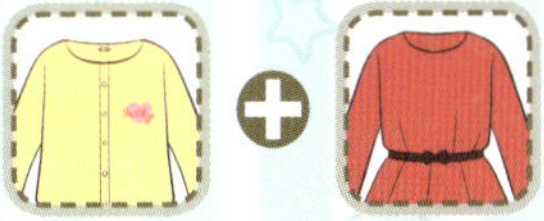

PART 2 おしゃれルール

ワンピにカーデをはおったコーデは、おでかけにぴったり！ ベレー帽をプラスすると、さらにおしゃれ度がUPするよ。

カジュアル 7DAYSコーデ

DAY 1

カジュアルテーマの6着はコレ！

トレーナー

白地にロゴ入りの定番デザインがイイ！

ロンT

明るいグリーンが元気なイメージ。

デニムジャケット

デニムジャケットは1枚持っておきたい。

スカート

動きやすくてキュートなラップスカート。

ロゴワンピ

動きやすさも使いまわし力もバツグン！

ショートパンツ

ちょっぴりボーイッシュなふんいきが◎

ロンTにショーパンを合わせて、キュートなカジュアルスタイルに。黒のハイソックスで、足長効果もねらっちゃお☆

スポーティ 7DAYSコーデ

DAY 1

スポーティテーマの6着はコレ！

フードつきスウェット

大きめロゴが目をひくピンクのスウェット。

パーカー

サイドのグリーンがアクセント。

プリーツミニ

ミニスカは着まわしの基本アイテム。

ロンT

使いやすい白だから、ロゴははでめに。

Tシャツワンピ

切りかえの入ったロゴ入りワンピ。

ライン入りパンツ

スウェット地のはきやすいパンツ。

ロゴワンピの上にスウェットを重ねて、スカートっぽい着こなしに。足もとにもピンクをきかせて、ガーリースポの完成！

DAY 2

カラフルなロゴとドット柄に、マルチボーダーのニーソを合わせたカラフルスポ♪ ボーダーの1色とスカートの色をそろえるのがコツだよ。

DAY 3

重ね着だけだとシンプルすぎるけど、キャップをプラスすればおしゃれにキマる。キャップのかわりにニット帽でもOK！

クール
7DAYSコーデ

DAY 1

クールテーマの6着はコレ！

ボーダーT

黒×白の組み合わせがオトナっぽい。

ハイネックT

おちついたグレーにロゴがきいてる。

MA-1ふうブルゾン

カーキ色のミリタリー系ブルゾン。

台形ミニスカ

ならんだボタンがアクセントだよ。

ロングシャツ

ひざ丈でワンピとしても着られる。

サロペット

胸もとのフリルとベルトがおしゃれ。

上下をモノトーンでまとめた、シックなコーデ。ラベンダー色のソックスをさし色にしているのが、地味に見えないポイントだよ☆

DAY 2

サロペットにハイネックT、さらにブルゾンを重ねて、おしゃれ上級者っぽく☆ おちついたコーデだから、足もとはあえてカジュアルに。

PART2 おしゃれルール

DAY 3

チェック柄のロングシャツは、1枚でワンピふうに着てもおしゃれ。ベレー帽やローファーで、フレンチテイストにしあげよう！

DAY 4

サロペットにボーダーTをインして、お姉さんっぽいふんいきに。あみこみみたいなこったヘアスタイルにすれば、オトナ感がUP☆

DAY 5

ロングシャツの前を開けて、コートふうに着こなしたコーデ。合わせる靴によって、イメージが変わるよ♪

ルール5 小物えらびでもっとセンスアップ！

おしゃカワの道をきわめたいなら、コーデだけじゃなく、靴や帽子などの小物にもこだわってみよう！

小物の合わせかたで一気におしゃカワ！

きちんとコーデしたのに、なぜかアカぬけない！その理由は小物のえらびかたにあるのかも。足もとやバッグ、帽子の上手な合わせかたをおぼえて、おしゃカワの達人をめざしちゃおう！

小物の効果ってスゴいかも！

かわいくキメたのになんかアカぬけない……

BEFORE

ひとつひとつのアイテムはかわいくても、モノトーンでまとめると少し地味かも。こんなときは、小物をプラスしてみて。

帽子とバッグでこんなにアカぬけ！

AFTER

シンプルなコーデに小物をプラスして、キュートなふんいきに。まんまるバッグのワインレッドがアクセントになっているよ。

104

足もと美人になろう！

ソックスと靴もコーデの一部。
おしゃれな足もとを作るコツを
おぼえよう！

初級編

106
ページへ！

バッグを上手に使いまわし！

中級編

本当に使えるバッグと、コーデと
の合わせかたを教えちゃうよ！

110
ページへ！

帽子やだてメガネで差をつける！

上級編

むずかしそうなアイテムだけ
ど、ポイントをおさえればだい
じょうぶ☆

114
ページへ！

PART 2 おしゃれルール

ソックス使いで足もと美人！

初級編

足もとは意外に見られているから、気をぬかないようにね！

ソックスと靴の色がちぐはぐだったり、ソックスの丈が合っていなかったりすると、アカぬけない感じになっちゃうことも。足もと美人をめざすために、ここでルールをおぼえてね。

ルール1　ソックスの色は服の1色から選ぶと◎

服の1色と同じ色のソックスをはくと、コーデにまとまりが出るよ。同じ色のソックスがないときは、同系色でもOK。

> パンツのグレーをソックスにもオン！

靴とソックスの色を合わせてもGOOD！

濃さのちがうピンクをかさねて、足もとにまとまりを出してみた例だよ。

ルール2　肌チラ見せでこなれ感UP♪

ロールアップしたデニムや7分丈のパンツをはくときは、足首をチラ見せするとこなれて見える。ソックスの丈にこだわってみて。

素足が
チラリ！

ルール3　くしゅソックスでアカぬけ！

ソックスを少したるませると、ナチュラルなイメージに。サンダルやショートブーツと、とくに相性のいいテクニックだよ。

くしゅっと
たるませて

ルール4　ハイソとタイツで足長に見せちゃえ☆

ミニスカやショーパンをはきたいけど、足を出したくない！　そんな子には、ハイソ＆タイツがおすすめ。シックな色なら足長効果も期待できちゃう☆

PART 2　おしゃれルール

黒のタイツとヒール靴で理想の足になれる！

PART 2 おしゃれルール

黒×紺の組み合わせでおしゃれ度もカンペキ

コーデと同じように、ソックスと靴も相性のいい色同士を合わせるとおしゃれ！

タイツとヒールつきの靴でタテのラインを作って、ほっそり足長に見せちゃおう。

中級編

使いまわせるバッグはコレ！

いろんなコーデ＆シーンに合わせられるバッグをあつめたよ。

毎日持ち歩くバッグは、服と同じくらいしっかりと選びたいもの。デザインだけじゃなく、使いまわしができるかどうかも重要。買うときは実際に持ってみて、重さやサイズをチェックしよう。内側を見るのも忘れずに！

通学にもぴったり！
スクールバッグ

優等生ふうの
コーデにも
ハマるよ

かっちりしたデザインで、収納力もあるから、学校や塾に行くときに便利。茶系なら、いろんな色の服と合わせやすい。

実用性はNO.1！
ショルダーバッグ

スクールバッグ
にもなる
2WAYタイプは
超便利☆

両手が空くから、ショッピングのおともにぴったり。ショルダーをはずしても使える、2WAYのタイプも便利だよ。

お出かけの定番
リュック

ショルダーバッグと同じく、両手が空くのが魅力。ふだん使いをするなら、軽くて収納力があるスポ系がイチ押し!

スポ系

ポップな柄入りならカジュアル度UP

ガーリー、クールなコーデにも合わせやすい

かっちり系

コーデのアクセントに!
ポシェット

いつもよりおめかしする日にぴったり。ちょっと大胆なデザインのものを、アクセ感覚で持つのもおすすめだよ☆

PART 2 おしゃれルール

コーデ×バッグのお手本、ぜんぶ見せ！
定番のバッグでも、こんなにかわいくなれちゃう☆

ミニスカがおちついた色合いだから、白のショルダーバッグで元気なイメージをプラス。

ショルダーバッグ × ガーリーカジュアル

スクールバッグ × スクール

スクールふうコーデとスクールバッグは相性バツグン。さし色になるグリーンを選んでみたよ♪

ロック×スポ系リュック

ポシェット×お嬢系ガーリー

ワッペンがいっぱいついたリュックで、ガールズバンドっぽくキュートにキメて☆

小さめのシックなポシェットは、せいそなコーデをさりげなく引き立ててくれるよ。

帽子&だてメガネでイメチェン！

上級編

めだつ小物を加えるだけで、いつものコーデが大変身！

着まわしが上手になったら、次は帽子やだてメガネに挑戦してみて。ふだんどおりのコーデに、小物をひとつ加えるだけで、かんたんにイメチェンできちゃうよ！

帽子　ここが魅力！

- コーデのテーマに合わせたり、あえてちがうイメージの帽子を合わせたり、いろんな合わせかたができるよ。
- 髪の長さを選ばずに合わせられる。
- ヘアスタイルがキマらなかったときにも便利！

シンプルコーデのアクセントにも☆

度が入っていないおしゃれ用メガネ

だてメガネ　ここが魅力！

- 優等生ふう、モデルふうなど、いろんなイメージに挑戦できる！
- 顔のりんかくに合ったデザインを選べば、誰にでもにあうよ。
- 帽子＋だてメガネで、思いきりおしゃれにキメてもOK☆

この帽子でおしゃれ度がアガる♪

キャップ

スポーティ、ボーイッシュなイメージ。つばが大きいほど、女の子っぽく見える。

つばの大きさと色でイメージが変わる

ベレー

ガーリー、クールテーマと相性◎。前髪を出す・出さないで印象が変わるよ。

ガーリー気分をまんきつしちゃお☆

かっちり感もキープできるよ

キャスケット

カジュアルすぎないから、キャップが苦手な子にもおすすめ。

もこもこ感がたまらない♪

ニット帽

秋冬のカジュアルコーデにぴったり。ポンポンつきならキュートな印象に☆

PART 2 おしゃれルール

帽子&メガネコーデのお手本

めざすはクラスのNo.1おしゃれガール！

ガーリーカジュアルを
キャップでハズして

きちんとベレーで
おしとやかに

キャップでちょっぴり辛口テイストを足して、かわいいだけじゃない上級カジュアルに！

女の子らしいワンピに、ベレーでおしとやかさをプラス。デートにもぴったりだね♡

じぶんに合ったフレームを見つけよう

丸顔さん

角ばったフレームは、りんかくをすっきり見せてくれるよ。タテの幅がせまいフレームほど、おしゃれ感がUP。

スクエア

ハーフリム

シャープなフレームで小顔に見せて

おも長さん

タテの幅が広いフレームは、おも長の印象をやわらげる効果あり。太めのフレームならフレンチ風に。

ウエリントン

ボストン

丸みのあるフレームがにあう

ほっそりさん

やわらかいイメージのフレームなら、優しいふんいきに。太いフレームは、メガネだけがめだっちゃうのでさけよう。

ボストン

オーバル

太めのフレームはさけよう

PART 2 おしゃれルール

コラム
カンタンに作れる！プチプラおしゃれ小物

じぶんだけのかわいい小物が、ミシンなしで手作りできちゃう！
友達にプレゼントしたり、オソロで作るのもおすすめだよ☆

世界にひとつだけのオリジナル小物を作ろう

手作り小物というと大変そうだけど、基本のぬいかたをマスターすれば誰でも作れちゃうよ。手芸店で売っているはぎれを使えば、プチプラで作れるのも魅力。ぜひチャレンジしてみてね！

小物作りに必要な道具

針

厚い布には太い針、うすい布には細い針を使うよ。長さと太さがちがう針を、いくつかそろえておくと便利。

糸

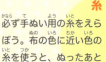

必ず手ぬい用の糸をえらぼう。布の色に近い色の糸を使うと、ぬったあとがめだたなくてGOOD。

はさみ

糸を切る小さいはさみと、布を切る大きめのはさみをそろえよう。紙を切るはさみを使うと、はさみをいためる原因になるから注意してね。

指ぬき

きき手の中指にはめて使うよ。糸に針を通すときは、指をいためないように、指ぬきに針の頭（持つ側のはじ）をあてよう。

まち針

布の仮どめに使うよ。まち針を並ぬい（次のページ）するように糸に1回通せばOK。

118

基本のぬいかたを覚えよう

並ぬい
ぬったあとが点線みたいに見えるぬいかただよ。

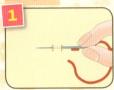 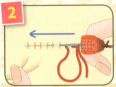 

糸を通した針を布に通して、3mmくらいあけて針を布の表へ出そう。ぬったあとが点線になるようにね。

1〜2回ぬったら、指ぬきに針をあてながら、さらに並ぬいしよう。ぬい目がバラバラにならないよう注意。

最後までぬい終えたら、あまった糸を引こう。布を左右にかるく引いて、ぬい目をととのえればOKだよ。

返しぬい
1針ずつバックしながらぬっていくよ。

  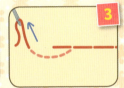

布の裏から針を出したら、1針分もどって布の表に針を入れよう。

2針分先に針を出して、糸を引いてね。ぬい目が同じくらいの長さになるように気をつけて。

同じ手順をくり返せばOK。並ぬいよりも、ぬい目がじょうぶにしあがるのが特徴だよ。

まつりぬい
ぬい目があまり表に出ないぬいかただよ。

 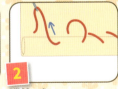 

布の折り目のふちをすくうイメージで、イラストのように針を通そう。ぬい目はななめになるよ。

左上に向かって、1のようにぬっていこう。ぬい目がめだたないように注意してね。

糸を引くと、ななめのぬい目がきれいにならんだ状態になるよ。

きんちゃくポーチ

用意するもの
- 布のハンカチ2枚（同じもの）
- 太めのひも2本
（それぞれ65～75cm）

1 返しぬいをしてひもを通す穴を作る

ハンカチを裏返して、はじを2cm折ろう。まち針で仮止めしたら、ふちを返しぬいして、ひもを通す穴を作ってね。

↕2cm

返しぬい

2 ①を2枚作ってまわりをぬい合わせる

ハンカチに2枚ともひもを通す穴を作ったら、サイドと底の部分を並ぬいでぬい合わせよう。ぬい目がこまかいほど、じょうぶになるよ。

ぬいしろは**1cm**

③ マチをとって左右をぬおう

底の部分をイラストのように開いて、左右の三角形になったところを並ぬいしよう。これでマチ（袋の底の部分）が完成。

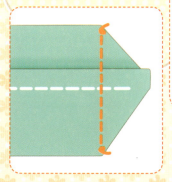

④ 表に引っくり返してひもを通そう

ポーチ本体を表に引っくり返して、左右からひもを通そう。通し終えたら、それぞれのひものはじを結べばできあがり！

ひもを通すときは安全ピンが便利だよ！

ひものはじに安全ピンをつけよう。

通し口に安全ピンを入れて、ピンを布ごしに奥へ通していこう。

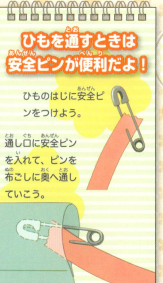

マスク

用意するもの

✓ ダブルガーゼの布
✓ マスク用ゴム　60cm

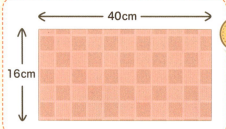

1　布をカットしよう

ダブルガーゼの布を、たて16cm、横40cmにカットしよう。

2　上下に折りたたもう

布を上下から折りたたむよ。布のはじ同士が、ちょうどまん中で合わさるようにね。

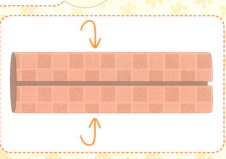

3　はじをずらしてさらにたたもう

布の合わせ目がちょうど2cmずれるように、左右に折りたたもう。

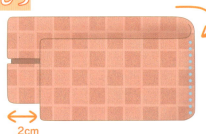

4 折り山がまん中にくるように左右を折る

布を開いてから、3で作った折り山がまん中にくるように、左右から折りたたもう。布のはじは、それぞれまん中から5mmあけてね。

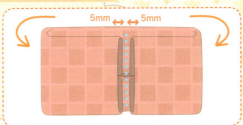

5 もういちど折り山で折ろう

3で作った折り山で、もういちど左に折りたたもう。イラストのようになっていればOKだよ。

6 ゴムの通し口を作ろう

表側の両サイドを、それぞれ12mmくらい残すように並ぬいしよう。ここがゴムの通し口になるよ。

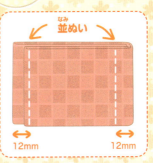

7 ゴムを通して完成!

通し口にゴムを通して、小さく結ぶ。結び目を通し口にかくしたら、できあがり!

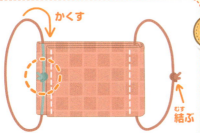

123

シュシュ

用意するもの
- 布
- ゴム 20cm

1 布をカットしよう

布をたて12cm、横50cmにカットしよう。

2 左右を5cmずつあけて返しぬい

布の表を内側にして半分に折り、両サイドを5cmずつあけて返しぬいしよう。ぬいしろは1cmだよ。

3 全体を引っくり返す

ぬい終えたら、布の表が外側にくるように引っくり返そう。

4 半分に折ってはじをぬい合わせる

布をイラストのように折って、はじとはじを合わせて返しぬいしよう。

5 ゴムを通して通し口をとじよう

開いた部分からゴムを通して、しっかりと結ぼう。最後に通し口をまつりぬいして、とじれば完成だよ。

PART 3 ショートからロングまでOK！ ヘアスタイル かんぺきガイド

5つの基本テク

結ぶ、ねじる、あむ、おだんご、とめるなどアレンジが苦手でもすぐに挑戦できるテクを集めたよ！

→ P.128へ

7つのテーマ別ヘアスタイル

ガーリー、カジュアルなどのイメージはもちろん、デートやセレモニーなどシーンで使えるスタイルを紹介

→ P.146へ

基本テク 1 結ぶ

ヘアゴムやシュシュで髪を結ぶだけ。結ぶ位置や高さ、結ぶときのゆるさで、ふんいきが変わるよ。

ひとつ結び

髪をまとめて、後ろで結ぶだけだから簡単。サイドに少しだけ姫毛（触角ヘア）を作ると、女の子らしい印象になるよ☆

> 使うもの：ヘアゴム1本かシュシュ1個

1 手ぐしで分け目を隠す

つむじ近くの分け目を隠すように、手をくしのように使って、髪を前から後ろへざっくりと流そう。

2 髪をまとめる

つむじからうなじに向かって、手ぐしで髪をまとめる。かっちりとまとめたいときは、ブラシを使ってもOKだよ。

3 姫毛を作る

サイドの毛を少しひき出して、姫毛を作ろう。結んでから姫毛をひき出すと、ヘアスタイルがくずれちゃうから気をつけて。

できあがり！

4 ゴムで結ぶ

片手でまとめた髪の根元をおさえながら、ゴムやシュシュで結べばできあがり。

PART 3 かわいいヘアアレ

アレンジ

サイド結びでオトナっぽく！

左右どちらかでひとつ結びをするだけで、一気にオトナっぽい印象に！ サイド結びも、結ぶまでのステップはひとつ結びと同じだから、ぜひためしてみてね。

くるりんぱ

ひとつ結びの応用編。簡単なのにこった感じに見えるのが魅力だよ。ここで手順をばっちりマスターしちゃおう！

使うもの：ヘアゴム1本

1 手ぐしで髪をたばねる

ひとつ結びと同じように、手ぐしで髪を前から後ろへざっくりと流そう。

2 耳より下でいちど結ぶ

低めの位置でひとつ結びを作るよ。このとき、あまりきつく結びすぎないようにね。

3 ゴムの上に穴を作る

ゴムのちょうど上あたりに、両手の指を入れて穴を作ろう。結んだ毛束が入る大きさをイメージして♪

4 穴の上から髪を入れる

結び目をおさえながら、毛束を軽くねじって穴の上から入れよう。

5 毛束を左右に引っぱる

穴に通した毛束を、左右に分けてギュッと引っぱろう。くるりんぱした髪が、ゆるみにくくなるよ。

できあがり！

6 全体をととのえる

姫毛や全体のバランスをチェックして、気になるところをととのえたらできあがり！

PART 3 かわいいヘアアレ

基本テク 2 ねじる

毛束を取ってねじるだけの簡単テクニック。髪が短くても簡単にヘアアレンジできるから、ぜひマスターしてね！

ツイスト

サイドの毛束をとって、指先でねじってヘアゴムでとめるよ。ねじっただけなのに、おしゃれに見えるのがうれしい！

使うもの：ヘアゴム1本、ヘアクリップ1個

1 耳の前の毛をとる

耳より前の毛を細くとろう。後ろの毛は、じゃまにならないようにヘアクリップでとめておいてね。

2 とった毛をねじねじ

とった毛を、外向きにツイスト。手首をひねるようにして、両手の指先を使ってねじろう。

③ 毛束を後ろへ

ねじった毛束を、頭の後ろへ持っていくよ。
ツイストがほどけないように注意してね。

④ クリップでとめる

後頭部のまん中あたりで、毛束をヘアクリップで仮どめ。反対側のサイドの毛も、同じ手順でねじってね。

⑤ 2本のツイストを結ぶ

ねじった毛束を2本まとめて、毛先をヘアゴムで結ぼう。ヘアクリップは外しておいてね。

できあがり！

⑥ 毛先をきれいにしよう

しっかり結んだら、毛先を軽くととのえて完成！

PART 3 かわいいヘアアレ

基本テク 3 あむ

基本のみつあみと、2種類のあみこみの手順を紹介するよ。うまくできるようになるまで、くり返し練習しよう。

みつあみ

3本の毛束をあんでいくみつあみは、必ず覚えておきたいテクニック。3本のひもを使って練習するのもおすすめだよ♡

使うもの：ヘアゴム2本

1 毛束を3つにわける

髪を半分とって、指で3つの毛束にわけよう。それぞれの毛束が、だいたい同じ太さになるようにわけてね。

2 Aの毛束をまん中へ

顔側のAを、Bの上を通るようにまん中へ持ってこよう。

表あみこみ

毛束を足しながら、みつあみしていくテクニックだよ。女の子らしくておしゃれに見えるから、ぜひチャレンジしてみて！

使うもの：ヘアゴム1本

1 毛束を3つにわける

表あみこみしたい部分の髪をすくって、3つの毛束にわけよう。それぞれの毛束の太さが同じくらいになるようにね。

表あみって？
みつあみ（134ページ）の手順であんでいくあみかただよ。

2 Cから2回、ふつうにあむ

Cの毛束から始めて、2回表あみをしよう。

3 Bをすぐ下の髪と一緒にあみこむ

Bのすぐ下にある髪Dを、Bと同じくらいとって、上からまん中へ持ってこよう。

4 Cをすぐ下の髪と一緒にあみこむ

Cのすぐ下にある髪Eを、Cと同じくらいとって、上からまん中へ持ってこよう。

5 同じ手順をくり返す

❸・❹の手順をくり返して、耳のあたりまであみこんでね。

できあがり！

6 残りの毛束をみつあみにしよう

残りの毛束をみつあみにして、毛先をヘアゴムで結べば完成だよ！

裏あみこみ

表あみこみと手順はにているけど、しあがりに立体感があるのが特徴。表と裏をためして、違いをチェックしてみてね♪

使うもの：ヘアゴム１本

１ ３つにわけた毛束を裏あみ

裏あみこみをしたい部分の髪を３つの毛束にわけよう。Aの毛束から始めて、２回裏あみしてね。

裏あみって？
外側の毛束を、下を通してまん中へ持っていくあみかただよ。

２ Bを下の髪と一緒にあみこむ

Bのすぐ下にある髪Dを、Bと同じくらいとって、下からまん中へ持ってこよう。

３ Aを下の髪と一緒にあみこむ

Aのすぐ下にある髪Eを、Aと同じくらいとって、下からまん中へ持ってこよう。

4 同じ手順をくり返す

②・③の手順をくり返して、耳のあたりまであみこんでね。

できあがり！

5 残りの毛束をみつあみにしよう

残りの毛束をみつあみして、毛先をヘアゴムで結べば完成だよ！

PART 3 かわいいヘアアレ

アレンジ 毛束の太さをふぞろいに！

毛束を3つにわけるときに、太さをふぞろいにしてあみこんでみて。ラフでこなれたふんいきにしあがるよ。みつあみや表あみこみにも使えるから、ためしてみてね。

基本テク 4

おだんご

ひとつ結びをアレンジした、定番のおだんごヘア。おだんごを作る高さでイメージが変わるよ。

シンプルおだんご

ヘアゴム1本で、簡単にできるおだんごヘアだよ。ヘアアレンジが苦手でも、このテクならチャレンジしやすいはず！

使うもの：ヘアゴム1本

1 髪をまとめて結ぶ

好きな高さで、髪をまとめてひとつ結びにしよう。最後まで結びきらないのがポイントだよ。

2 毛先を残してとめよう

結んだ毛束の途中で、ヘアゴムをとめてね。おだんごの形と毛先をととのえたら完成！

できあがり！

シニヨン

ねじった毛先をおだんごにまきつけた、定番のまとめ髪。ふつうのおだんごより上品な印象になるよ。

使うもの：ヘアゴム1本、ヘアピン1〜2本

1 残した毛先をツイスト

シンプルおだんごを作り、残った毛先をねじろう。ねじる向きは、左右どちらでもOK。

PART 3 かわいいヘアアレ

2 おだんごにまきつける

しっかりとねじった毛束を、結び目にまきつけよう。

3 毛先をゴムに入れる

毛先をゴムに入れて、ピンでしっかり固定すればできあがり。少し毛先がとび出しても、かわいくキマるよ。

できあがり！

とめる

基本テク 5

ピンやパッチンどめで髪をとめるテクニック。どんなヘアアクセを使うかで、イメージを自由に変えられるよ。

ピンでとめる

サイドの髪や前髪を、ヘアピンでとめるだけ。のばしかけの髪が気になるときにも、おすすめのテクニックだよ。

使うもの：ヘアピン2〜3本

1 髪をおさえながらピンを手に持つ

手でしっかり髪をおさえて、もう一方の手でヘアピンを持つ。指でピンの先を開いておこう。

できあがり！

2 しっかりはさもう

ピンのまっすぐになったほうを、地肌にすべらせるようにさしこもう。奥までしっかりさせばできあがり。

ツイストをピンでとめる

ねじった毛束をピンでとめるテクだよ。毛束をとめたい位置に持ってきて、ベースの髪を一緒にピンではさもう☆

使うもの：ヘアピン2本

毛束とベースの髪を、上からグッとはさむようにとめてね。

ピンをクロスどめ

2本のヘアピンをクロスさせて、バッテンの形にとめるよ。色違いやデザイン違いのヘアピンを使うとおしゃれ！

使うもの：ヘアピン2本

きれいなクロスになるように、角度を調節してね。

PART 3 かわいいヘアアレ

パッチンどめでとめる

とめるときにパチンと音がするピン。開いた状態で細いほうを髪にさして、ピンの先を押してとめよう。

使うもの：パッチンどめ１〜２個

出っぱっている部分を人さし指で押すと、パチッと音がして開くよ。

クリップでとめる

毛束をはさんで、簡単にまとめ髪ができる便利なヘアアクセ。デザインもいろいろあるから、目的に応じてえらんでね！

使うもの：クリップ１個

ねじった毛束を持ち上げて、ベースの髪と一緒にクリップではさもう。

バレッタでとめる

ヘアゴムの結び目の上から、髪の毛をとめるヘアアクセ。金具を開いた状態で髪をはさみ、金具をもとの位置にもどせばOKだよ♡

> 使うもの：ヘアゴム1本、バレッタ1個

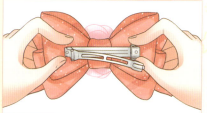

金具の出っぱった部分を押して、音がして開けば準備OK。

ヘアバンドでとめる

いったん首まで通して、前髪ごとヘアバンドをトップへ上げよう。前髪を残して、キュートなふんいきにしてもGOOD。

> 使うもの：ヘアバンド1個

ショート or セミロングならカチューシャでとめてもOK！

PART 3 かわいいヘアアレ

テーマ別ヘアスタイル

ガーリーアレンジ

女の子らしさ満点のアレンジ。
コーデもガーリーにまとめればカンペキだよ☆

みつあみ後ろカチューシャ

`ロング` `ミディアム` `ショート`

みつあみをカチューシャみたいにまとめた、上品なふんいきのアレンジ。一見むずかしそうでも簡単にできちゃうよ。

使うもの：ヘアゴム2本、ヘアピン2本

１ みつあみを作ろう

髪を左右にわけて、みつあみ（134ページ）を作るよ。

２ あみ目をほぐす

あみ目を指先で少しほぐそう。ちょうどいいボリュームが出るよ。

ちょこっとネコ耳

`ロング` `ミディアム` `ショート`

ネコの耳みたいに、ピンと立った毛束がキュート。髪をとめるときにカラーピンを使うと、よりかわいくキマるよ。

使うもの：ヘアピン4〜6本

1 毛束をすくってツイスト

トップの毛を左右に分けて、片方ずつ後ろへ引っぱるようにねじろう。

できあがり！

2 ネコ耳を作る

毛束の前のほうをつまんで、少し引き出す。三角形になるように意識してね。

3 毛先をピンでとめる

ネコ耳部分の後ろを、ヘアピンで固定しよう。ネコ耳がくずれないように、何本か使ってもいいよ。

ツイストカチューシャ

`ロング` `ミディアム` `ショート`

ねじった毛束が、まるでカチューシャみたいに見える！ ショートの子でも短時間でできる、おしゃれなアレンジだよ。

使うもの：ヘアゴム1本

1 毛束をすくう

まん中より少しサイドよりの毛束をすくおう。

2 毛束をふたつに分けてツイスト

毛束をふたつに分けて、両手を使ってねじり合わせてね。同じ方向へ、交互にねじるのがコツ。

3 毛先を結ぼう

耳の上までねじったら、毛先をゴムで結んでできあがり！

できあがり！

PART 3 かわいいヘアアレ

テーマ別ヘアスタイル

カジュアルアレンジ

ラフなふんいきがきめてのアレンジなら、みんなの好感度UPまちがいなし！

おてがる ハーフツインテ

ロング / ミディアム / ショート

定番のツインテも、分け目を変えてギュッと結ぶだけで印象が変わるよ！ 前髪をアップにして、おでこを出してもキュート☆

使うもの：ヘアゴム2本、コーム

1 コームで分け目を作る

コームを使って分け目を作ろう。分け目を左右どちらかに寄せてもかわいい☆

2 高い位置できつく結ぶ

耳上の髪をすくって、高い位置でギュッと結ぼう。

3 反対側の髪も同じように結ぶ

反対側の髪も同じように、高い位置できつく結んでね。

4 毛束をふたつに分けてきつくしめる

毛束をふたつに分けて、左右に引っぱろう。反対側の毛束も同じように引きしめてね。

5 バランスをチェック

できあがり！

根元が立ち上がって、ラフな感じにしあがっていればOK！

アシメ おだんご

`ロング` `ミディアム` `ショート`

サイドに高さ違いのおだんごを作って、おちゃめなふんいきに。いちばんかわいく見える高さを研究してみてね。

使うもの：ヘアゴム2本、ヘアピン2〜4本

1 高さの違うおだんごを作る

前髪以外の髪を左右に分けて、それぞれにおだんご（140ページ）を作ろう。高さを変えるのがポイント。

2 おだんごに毛先をまきつけよう

シニヨン（141ページ）の手順で、ねじった毛先をおだんごにまきつけてね。

3 ピンでとめて完成！

最後までまきつけたら、毛先をヘアピンでとめよう。

できあがり！

よこりんぱ

`ロング` `ミディアム` `ショート`

くるりんぱを使った超簡単アレンジ。サイドで結べる長さがあればOKだから、ショートの子にもおすすめだよ☆

使うもの：ヘアゴム1本、大きめのヘアピン1本

1 耳上の毛束をとってくるりんぱ

サイドの毛束を結んで、2回くるりんぱ（130ページ）しよう。

2 くるりんぱした部分を少しほぐす

指先で軽くほぐして、ナチュラルな感じにしあげてね。

できあがり！

3 アクセでゴムをかくす

結び目をモチーフつきのヘアピンなどでかくせば完成だよ。

PART 3 かわいいヘアアレ

テーマ別ヘアスタイル
スポーティーアレンジ

みつあみやおだんごをとり入れたアレンジで、
活発そうなイメージにしあげて。

みつあみポニーMIX

[ロング] [ミディアム] [ショート]

ポニーテールに細いみつあみをプラスして、元気なイメージにしあげたよ。基本のテクを組み合わせただけだから簡単☆

使うもの：太いヘアゴム1本、細いヘアゴム3～4本

1 やや高めの位置でひとつ結びにする

トップに近い位置で、髪をまとめて結ぼう。高い位置のほうが、カジュアルなイメージになるよ。

2 結び目を引きしめる

毛束をふたつに分けて、左右に引っぱろう。結び目がしっかり引きしまるよ。

③ 細いみつあみを作ろう

ポニーテールから少し毛束をとって、細いみつあみ（134ページ）を作ろう。毛先は細いヘアゴムで結んでね。

できあがり！

④ 3本くらいみつあみを作る

同じように、何本か細いみつあみを作ろう。バランスよく見えるように、みつあみを作る位置にも気をつけて。

簡単アレンジ

みつあみポニー

ポニーテールをみつあみにしても、元気でキュートな印象になるよ。結び目のゴムを、ツイストした毛束でかくしてもOK。みつあみを少しほぐして、ナチュラル感を出してもいい感じ！

ツインつの おだんご

`ロング` `ミディアム` `ショート`

まるでつのみたいな、キュートなおだんごヘア。髪の長さによって、つのの大きさが変わるところもおもしろいね☆

> 使うもの：ヘアゴム2本

1 左右におだんごを作る

トップの左右にある、少し出っぱった部分にシンプルおだんご（140ページ）を作ろう。

2 毛先をおだんごの根元にまきつける

毛先をねじって、おだんごにまきつけよう。基本はシニヨン（141ページ）と同じだよ。

できあがり！

3 反対側にもつのを作ろう

反対側にも同じようにおだんごを作ろう。ふたつのつのの大きさが、だいたいそろうように注意してね。

みつあみ×くるりんぱ

`ロング` `ミディアム` `ショート`

顔まわりをすっきり見せたいときにぴったりのアレンジ。うしろから見ると、まるでバレッタみたいでかわいい！

> 使うもの：ヘアゴム1本、ヘアピン1本

1 耳上の髪をみつあみにしよう

耳上の髪をとって、すこし細いみつあみ（134ページ）にしよう。

2 ピンでとめておく

みつあみの毛先を、後頭部のまん中あたりにヘアピンで仮どめしてね。

3 2本のみつあみを合わせてくるりんぱ

反対側にもみつあみを作り、もう1本のみつあみと合わせて結ぼう。2本をくるりんぱ（130ページ）したら完成！

できあがり！

PART 3 かわいいヘアアレ

テーマ別ヘアスタイル

クールアレンジ

オトナっぽく見せたいとき、
辛口にキメたいときのアレンジを集めてみたよ。

Ｗ(ダブル)くるりんぱ ひとつ結び

`ロング` `ミディアム` `ショート`

くるりんぱを２回するだけなのに、オトナっぽく見えちゃう。バレッタのかわりに、チャームつきのゴムを使っても◎

使うもの：ヘアゴム２本、バレッタ１個

1 サイドの髪をゴムで結ぶ

耳より上の髪をまとめて、ヘアゴムで結ぼう。きつく結びすぎないようにね。

2 くるりんぱしよう

結び目の上に穴を作って、毛束をくるりんぱ（130ページ）しよう。

かっちり あみこみツイン

`ロング` `ミディアム` `ショート`

あみこみのおさげは、みつあみより少しオトナっぽいふんいき。きつめに、きっちりあみこんでいくのがポイントだよ。

使うもの：ヘアゴム2本、コーム

1 髪を左右に分ける

コームを使って髪全体を左右に分けたら、片方のトップの髪を少しとって、指で3つの毛束に分けよう。

2 上から表あみこみしていこう

分けた毛束を表あみこみ（136ページ）していくよ。ゆるまないように、きっちりあんでね。

3 毛先をゴムで結ぼう

毛先が少し残るまであんだら、ゴムで結ぼう。反対側の髪も、同じように表あみこみして結べば完成！

できあがり！

サイドすっきりピンどめ

`ロング` `ミディアム` `ショート`

サイドの髪をヘアピンでとめた、ちょっぴり辛口なアレンジ。おしゃれなヘアピンをえらんで、クールにキメて！

使うもの：ヘアピン3～4本

1 サイドの髪を持ち上げてピンでとめる

前髪を残す側の反対側の髪を持ち上げて、ピンでとめよう。まずは上のほうから。

2 ブロックに分けてとめていこう

残りの髪を2～3ブロックに分けて、それぞれをピンでとめよう。ピンをクロスさせてもおしゃれだよ。

できあがり！

3 バランスをととのえる

サイドの髪と前髪のバランスをチェックして、きれいにととのえたら完成！

PART 3 かわいいヘアアレ

おでかけ＆デート

テーマ別ヘアスタイル

特別な日にぴったりの、簡単なのにはなやかなアレンジを紹介！

ゴージャスくるりんぱ

ロング **ミディアム** ショート

くるりんぱを重ねて、ボリュームとはなやかさを出したアレンジ。くるりんぱする回数は、髪の長さに合わせて変えよう。

使うもの：ヘアゴム2本

① 2か所でくるりんぱ

耳上、耳の横で、それぞれ表面の髪をすくってくるりんぱ（130ページ）。左右どちらかよりで結ぶとおしゃれだよ。

できあがり！

② 残りの髪を結んでくるりんぱ

残りの髪をひとつ結びにして、毛先に向かって3回めのくるりんぱ。結び目の左右の毛を少し引っぱって、ゴムをかくせば完成！

サイド ねじりヘア

`ロング` `ミディアム` `ショート`

ねじった前髪をカチューシャみたいにとめて、おでこを出した上品なアレンジ。「かわいいね」ってほめられそう！

使うもの：ヘアピン2〜4本

1 前髪とトップの髪をすくってねじろう

前髪を左右に分けよう。一方の前髪とトップの髪をすくって、外向きにねじってね（132ページ）。

2 耳の上で毛先をとめる

毛先までねじったら、毛先をピンでしっかりとめよう。ピンを何本か使ってもOK。

PART 3 かわいいヘアアレ

できあがり！

3 後ろの髪でピンをかくす

後ろの髪をかぶせて、ピンをかくそう。反対側の前髪とトップの髪も、同じようにねじってとめれば完成だよ！

テーマ別ヘアスタイル スポーツ

体を動かしてもくずれにくくて、おしゃれ感もあるアレンジはいかが？

サイドポニー

ロング ミディアム ショート

ポニーテールの位置を変えて、元気なイメージに。チャームのついたヘアゴムを使うと、キュートにしあがるよ。

使うもの：ヘアゴム1本、ヘアピン3〜4本

1 髪全体をサイドでまとめる

髪全体をしっかり持ち上げて、左右どちらかでまとめよう。高めの位置で結んで、ポニーテールを作ってね。

2 前髪をピンでとめよう

落ちてくる前髪を、ヘアピンでとめれば完成。少しだけ前髪を残すとかわいいかも♪

できあがり！

ハーフ表あみこみ

`ロング` `ミディアム` `ショート`

ショートの子でもできる、表あみこみを使ったすっきりアレンジ。バレッタをつければ、おでかけスタイルに変身！

使うもの：ヘアゴム1本

1 トップの髪を3つに分ける

トップの髪をすくって、両手で3つに分けよう。

2 髪全体を表あみこみ

トップから下へ向かって、表あみこみ（136ページ）していこう。しっかりあむか、ゆるくあむかで印象が変わるよ。

できあがり！

3 耳の高さで結ぼう

耳の高さまであみこんだら、毛先を結んで完成！

テーマ別ヘアスタイル セレモニー

きちんと感を出したいときは、
顔まわりをすっきり見せるアレンジがおすすめ。

Wくるりんぱ ハーフツイン

`ロング` `ミディアム` `ショート`

サイドでくるりんぱしただけで、こんなに
清潔感のあるヘアスタイルができちゃう！
通学にもぴったりのアレンジ。

使うもの：ヘアゴム2本

1 耳上の髪をハーフ結びにする

サイドの髪をすくって、ゴムで結ぼう。

2 毛先をくるりんぱ

結び目の上に穴を作ってくるりんぱ
（130ページ）。毛先を左右に引っ
ぱって、引きしめてね。反対側の髪
も同じ手順でOK。

できあがり！

トリプルみつあみアップ

ロング ミディアム ショート

後頭部にボリュームを出した、はなやかでオトナっぽいアレンジだよ。前髪をななめに流すと、よりおしゃれに！

使うもの：ヘアゴム3本、ヘアピン4～6本、クリップ1個

1 髪を3つに分けてみつあみしよう

髪を上下半分に分けて、下半分は左右に分けよう。上の毛束をゴムで結んでから、3つそれぞれの毛束をみつあみにしてね。

2 下ふたつのみつあみをとめる

下のみつあみを反対側の耳上に持ってきて、ピンでとめよう。上のみつあみは、クリップで固定しておいてね。

3 上のみつあみをくるくるまく

上のみつあみを、外側に向かってくるくるとまこう。下側のみつあみにのせるように、ピンでとめれば完成だよ！

できあがり！

PART 3 かわいいヘアアレ

髪のおなやみ SOS!!!

髪質やくせ、毎日のアレンジになやんでいる子は必見！
髪にかんするおなやみを、まとめて解決しちゃうよ！

おなやみ 1 くせっ毛でうまくアレンジできない！

カットするだけで解決することもあるよ！

髪がうねったり、はねたりして、アレンジがキマらない！　そんなときは、思いきってカットしてみるのも手だよ。イメチェンすることで、新しいじぶんが見つかるかも☆

毛先がうねって大変……

ヘアアイロンでのばすと髪がいたみやすいし、毎日アレンジするのも大変だよね。

ボブにしたら大成功！

うねる部分をカットしてすっきり！　なやみがなくなって、表情もパッと明るく♡

くせっ毛対策はまだまだあるよ！

はねる部分をピンでとめよう

どうしてもはねちゃう毛や寝ぐせは、ピンでとめるのも手だよ。かわいいピンを使えば、気分もアガる！

クロスにしてもかわいい！

あんでカンペキにカバー！

みつあみ、あみこみを使ったアレンジで、くせっ毛ごと髪をまとめちゃおう。ここまでに紹介したアレンジを参考にしてみてね☆

みつあみやあみこみがおすすめ

はねる方向と逆向きにドライヤーをあてよう

髪をかわかすときに、はねる方向と逆の向きにドライヤーをあてるとGOOD。はねをかなりおさえられるよ。

外はねなら内側に向けて

PART 3 かわいいヘアアレ

おなやみ 2 ねこっ毛でぺたんこになっちゃう!

髪のかわかしかたがポイント!

髪をかわかすときはトップから、が鉄則。髪を立たせるように持ち上げて、根元をドライヤーでかわかすのがコツだよ。

トップをかわかす

トップの髪をすくって、反対側に引っぱりながら、根元に風をあてよう。

髪の根元に下から風をあてる

残りの髪は片手ですくって、根元に下から風をあててね。これで髪にボリュームが出るよ。

みつあみでパーマふうに！

1 コームで髪をブロック分けしよう

コームの先を使って、髪をブロック分けしていくよ。

2 分けた髪の根元をゴムでとめる

分けた毛束の根元を、ヘアゴムでとめよう。同じ手順をくり返して、同じくらいの太さの毛束をいくつか作ってね。

3 みつあみをいっぱい作ろう

それぞれの毛束をみつあみにして寝よう。朝起きたら、みつあみをほどいてね。

4 パーマふうにしあがるよ！

おなやみ3 髪が多くてまとまらない！

毛先にトリートメントをつけよう

ボリュームダウンしながらヘアケアもできる、トリートメントを使うのがおすすめ。髪をぺたんこにするために、タオルやターバンをまいて寝るのは避けて。髪がいたんだり、かゆみのもとになったりするよ。

洗い流さないタイプのトリートメントを、毛先から耳下にかけてなじませよう。かなり髪のボリュームをおさえられるハズ☆

トップや地肌にトリートメントをつけるのはX。毛穴がつまったり、髪がぺたついたりしちゃうよ。

NG

結ぶ&あむヘアアレンジですっきり！

髪が多い子の強みは、結んだりあんだりといろんなアレンジが楽しめること。ここでは、ショートの子でも簡単にできるアレンジを紹介するよ！

髪が短くてもOK！トリプルくるりんぱ

1 上の髪をまとめてくるりんぱ

こめかみより上の髪をまとめて、ひとつに結んでくるりんぱ（130ページ）しよう。

2 耳の後ろ、えりあしの髪もくるりんぱ

耳の後ろの髪をまとめて、同じようにくるりんぱ。残ったえりあしの髪も、同じようにくるりんぱしてね。

3 全体をととのえてできあがり！

最後に全体のバランスをチェック。毛束を少しほぐして、ラフにまとめてもかわいいよ。

PART 3 かわいいヘアアレ

> おなやみ 4

短時間でちゃんとアレンジしたい！

少しルーズにくずすと、おしゃれ感UP♪

シンプルなヘアスタイルでも、姫毛を作ったり、毛束を軽くほぐしたりするだけで印象がチェンジ。鏡を見ながら、くずしかたを研究してみよう！

トップや後ろの髪を少し引き出そう

髪を結んだら、指先でトップや後ろの髪を少しずつ引き出してね。

バランスをととのえる

髪全体をチェックして、ほどよくルーズ感が出ていればOK！

アクセや帽子で一気にかわいくなれる！

アレンジだけじゃものたりない！ そんなときは、ヘアアクセや帽子をプラスしてみて。小物のえらびかたしだいで、いろんなイメージにできるよ。

カチューシャでガーリーに☆

ハーフツインテ（150ページ）にカチューシャをプラスして、とびきり甘くしあげてみたよ。

細みつあみ＋ベレー

サイドに細いみつあみを作って、ベレーをオン。前髪を作ればかわいく、前髪をベレーに入れれば知的なイメージに！

ツインテ＋ニット帽

元気な印象のツインテに、ニット帽を合わせてカジュアル感をUP！

PART 3 かわいいヘアアレ

もっとステキなヘアスタイルをめざそう!

美容室でのオーダーから毎日のヘアケアまで、
キラキラの髪とヘアスタイルを手に入れるためのポイントはコレ!

美容室でのオーダーのしかた

ポイント1 なりたいヘアスタイルをくわしくつたえよう

なりたいヘアスタイルのイメージがあるなら、はずかしがらずに美容師さんにつたえることが大事。雑誌のきりぬきやヘアカタログなどを見てもらうと、イメージがきちんとつたわるから安心だよ。

オーダーのポイント

- 雑誌のきりぬきやヘアカタログにのっている髪型を、美容師さんに見てもらおう。
- なりたいヘアスタイルの芸能人をつたえてもOK!
- 美容師さんにおまかせするときも、「この長さはキープしたい」などの希望をつたえておくと安心。

いつもの服で出かけよう

ふだんのイメージとちがう服を着ていくと、美容師さんにあなたの好みがつたわりづらくなっちゃう。よく着ている服で出かけるのがベスト☆

なやんだときは相談してみよう

美容師さんはプロだから、ヘアスタイルやヘアケアのことでなやんだときは相談してみて。親切にアドバイスしてくれるはず。

こんなときは相談！
- じぶんにあうヘアスタイルがわからない！
- 髪のくせやうねりが気になる！
- 髪の毛がいたんできちゃった……

セットの方法をおしえてもらおう

美容院に行った次の日、思うように髪がセットできないことってあるよね。そうならないために、美容師さんから上手にセットするコツを聞いておくと◎

PART 3 かわいいヘアアレ

髪を洗うときのポイント

シャンプーするまえに ブラッシングしよう

髪全体をブラシでとかしておくと、汚れがういて、シャンプーしたときに落としやすくなるよ。

指の腹で地肌を マッサージ

シャンプーするときは、指の腹でやさしく地肌をマッサージしよう。地肌の血行がよくなって、健康な髪をキープできるよ☆

しっかり 洗い流そう

シャンプーやリンスのすすぎのこしは、髪のトラブルの原因になるよ。めんどうがらずに、しっかりと洗い流してね。

フケやかゆみが 気になるときは

地肌の乾燥が、トラブルの原因になることも。髪を洗ったあとはきちんとドライヤーでかわかしたり、お部屋が乾燥しているときは加湿器を使ったりして、乾燥をふせいでね。

髪のかわかしかた

ステップ1　まずは根元から！

まずはタオルで髪をはさんでポンポンたたき、水気をとってね。つぎはトップの根元から、ドライヤーでかわかしていこう。根元に風があたるように、指先で髪をすくい上げるのがコツ。

ステップ2　毛先へ向かってかわかしていこう

根元から毛先へ向かって、少しずつかわかしていくよ。あまりドライヤーを近づけすぎないように注意して。

ステップ3　冷風でおちつかせる

髪全体をかわかし終えたら、冷風にきりかえよう。髪の乾燥やいたみをふせいだり、ツヤを出す効果があるよ。

PART 3　かわいいヘアアレ

おぼえておきたいヘアケア

ブラシのえらびかた

髪がかたい子は目があらいブラシ、やわらかい子は目がこまかいブラシを使うと、髪がいたみにくいのでおすすめ。静電気防止の効果があるブラシなら、切れ毛をふせぎやすいよ。

特別な日はスペシャルケア！

シャンプーしたあと、髪全体の水気をとってから、トリートメントをなじませて。お湯でぬらしたタオルをしぼり、髪全体をつつんで15～30分ほどおこう。トリートメントをあらい流せば、スペシャルケア完了！

分け目やヘアスタイルを変えよう

いつも同じ位置で髪を分けたり、きつく結んでいたりしない？ どちらも頭皮をいためてしまうことがあるから、まめに変えることを心がけてね。

キラキラの髪を作る食べもの

髪にいい食べものをとることで、もっとキラキラの髪が作れちゃう！　好きなものばかり食べずに、バランスのいい食事をすることも大切☆

お肉・お魚

たんぱく質が、健康な髪を作ってくれるよ。

乳製品

牛乳やヨーグルトなど。たんぱく質をとることが、ツヤツヤ髪への第一歩！

野菜・フルーツ

ビタミンA、ビタミンCなどが、髪を乾燥から守ったり、健康な髪を作り出すサポートをしてくれるよ。

豆・ごま

大豆、えだ豆、黒ごまなど。きれいな髪や肌にかかせない栄養素をふくんでいるよ。

ナッツ

ピーナッツ、アーモンドなど。ナッツにふくまれるビタミンEと、健康な髪はきってもきれない関係。

コラム どんなときもかわいく写るヒケツを伝授！

ちょっとしたコツで写真うつりがもっともっとかわいくなる！

写真が苦手な子、必見！

人に撮られる写真など、じぶんで好きに加工できない写真は、うつりが気になるもの。そんなときは、ここで紹介しているコツを使ってみて。きっと、今までよりかわいく写るはずだよ！

こんなワザもあるよ
- ✔ 少し上から撮影する
- ✔ 少しななめから撮影する
- ✔ 顔がいちばんかわいく見える角度でとる

ヒケツ1 小顔に見せるワザ

顔を少しかたむけて、ほほに手をあててみて。さらにあごを少し引くと、かなり小顔に見えるよ。

ヒケツ2 集合写真でかわいく写るには？

カメラでとる場合、はじにいるとぽっちゃりめに写りやすいから注意。まん中に近い位置のほうが、きれい＆スリムに写るよ♡

ヒケツ3 ポーズをつけて楽しげに

どうしてもキンチョーしちゃうときは、好きなポーズをとってみよう。しぜんとリラックスして、表情もやわらかくなるよ。

PART 4 ステキ女子になるためのマナー

ルール 1
きれいに見える立ちかた
その姿勢、美人度を下げているかも！
→ P.186へ

ルール 2
きれいに見える座りかた
好感度アップの近道はきれいな座りかたにあり☆
→ P.190へ

ルール 3
好感度をアップさせる食事のマナー
食事はおいしく、楽しく、美しく！
→ P.192へ

ルール 4
ステキ女子になるためのふるまいかた
およばれしたときも、自信をもってきちんとあいさつ♪
→ P.196へ

ルール 5
ステキ女子になるための7つの習慣
女子力アップまちがいなしの最強7つのコツ
→ P.200へ

ルール 6
モテ女子の必須アイテムを大公開！
清潔感と気配りはみりょく的な女子のキーワード♥
→ P.202へ

中身までステキなかわいい女の子になれますように…♡

ルール1 きれいに見える立ちかた

姿勢は意外に見られているから、ふだんから意識してね。

思わず見とれる立ち姿美人に！

どんなにおしゃれなコーデやヘアスタイルでも、姿勢が悪いとだいなし！ きれいに立つコツをおぼえて、みんながハッとするような立ち姿美人になっちゃおう♡

立ちかた美人度チェック

3つ以上当てはまったら要注意！

- □ うつむいて歩くことが多い
- □ 「ねこ背になってるよ」と注意されたことがある
- □ 立っているとき、自然と内また or がにまたになっている
- □ 左右どちらかの足に体重をかけることが多い

きれいな立ちかた

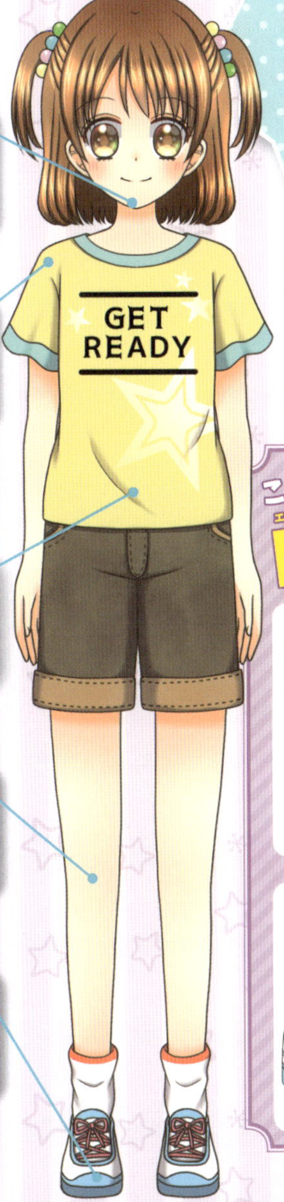

あご
軽く引いて、目線は正面に

肩
力を抜いた状態で、軽く開こう

おなか
少し力を入れて、引っこめるイメージ

ひざ
まっすぐ前を向いていればOK

つま先
少し外向きか、まっすぐ前を向くように

こんな立ちかたはNG！

ねこ背

内また

PART 4 ステキ女子のマナー

今日からトライ！ きれいな姿勢を作る7つの習慣

習慣1

足を組まない

足を組んでばかりいると、体を支える骨盤や背骨がゆがんで、姿勢が悪くなっちゃうよ！「よく足を組んでいるかも」と思ったら、意識してくせをなおそう☆

習慣2

ひじをつかない

机やテーブルに向かって座っているときに、ついひじをついちゃう子は要注意。体のゆがみの原因になるだけじゃなく、だらしない印象に見えちゃうよ。

習慣3

バッグを持つ手を変える

いつも同じ側でバッグを持つのは、体のゆがみの原因になるから✗。こまめに持つ手を変えることを心がけてね。

体を動かそう

体をささえる筋肉がおとろえると、ねこ背になりやすくなるよ。エスカレーターに乗らずに階段を使ったり、ストレッチしたり、ふだんの生活のなかで体を動かす習慣をつけよう。

習慣 5 おへその上に力を入れる

どうしても背中が丸まってしまいがちなら、おへその上あたりに力を入れてみて。自然と背筋がのびるよ。

かかとを上げ下げ

つま先立ちをして、かかとを上下させるトレーニングは、むくみをとり、きれいな立ち姿をキープする第一歩。ダイエット効果も期待できるから、ぜひためしてみて！

習慣 7 スマホやゲームをだらだらやらない

スマホやゲームのやりすぎは、ねこ背や首・肩をいためる原因になるよ。だらだらと続けないように、きちんと時間を決めておくのがベスト♪

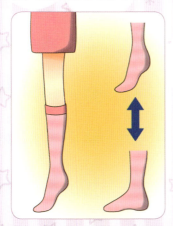

ルール2 きれいに見える座りかた

正しい座りかたを身につけて、印象をUPしよう！

足はまっすぐ、背筋はピン！

座るときの姿勢も、基本は立つときと同じ。あごを少し引いて、背筋をのばして座ろう。

きれいな座りかたを身につければ、好感度もUPするよ！

きれいな座りかた

手
太ももの上で、軽く手と手を重ねよう

背中
背もたれにもたれずに、まっすぐのばそう

足
両足をそろえて、ひざを閉じる

つま先
つま先は正面を向くようにして、そろえよう

こんな座りかたはNG！
- 両足の先を開いて座る
- 足を組む

ルール3 好感度をアップさせる食事のマナー

正しい食事のマナーを身につけて、ステキ女子になろう！

食事の種類によって守るべきマナーも変わるよ

外食やセレモニーの会食では、食事の種類に合わせたマナーを守ることが大切。どんな食事にも共通するマナーもあるから、どちらもしっかりと身につけておこう。

こんな食べかたは ✕ NG！

ひじをつく
テーブルにひじをつきながら食べるのは、マナー違反のうえにだらしなく見えちゃう。食事の前、食べ終わったあとも、ひじはつかないようにね。

ながら食べ
食事しながらスマホをいじったりする「ながら食べ」は絶対NG！料理を作ってくれた人への、感謝の気持ちを忘れずに。

口を開けてかむ
食べものをかむときは、必ず口をとじること。しゃべりながら食べたり、くちゃくちゃと音を立てて食べるのも、マナー違反だから注意して。

食べのこし
どうしても食べられないもの以外は、のこさないようにするのもマナーのひとつ。とりわける料理の場合、食べきれるぶんだけとろう。

和食のマナー

和食をいただくときに、いちばんめだつのはおはしの持ちかた。にぎるように持ったり、食べものをとるときにおはしがクロスしたりするのは、正しい持ちかたができていないから。持ちかたに自信がない子は、お家で練習してみてね。

おはしの持ちかた

- 上のおはしだけを動かそう
- 上のおはしは親指と人さし指、中指の3本で持とう
- 下のおはしは、薬指のつめのサイドにあててね
- 下のおはしは、親指と人さし指の間にはさんでささえよう

おわんのふたの正しい置きかた

おわんのふたは内側を上にして、おわんの横に置こう。

食べ終わったら、おわんにふたをかぶせてね。

焼き魚のきれいな食べかた

上半分、下半分の順に、左から身を食べよう。

上側の身を食べたら、骨をはずしてお皿の奥に置こう。下側の身も、左から食べればOK！

洋食のマナー

右手にナイフ、左手にフォークを、食器が「ハの字」になるように持とう。フォークを右手に持ちかえるときは、ナイフの刃をじぶんのほうに向けて、お皿の奥に置いてね。

ナイフとフォークの持ちかた

- フォークは下向きに
- ナイフは刃が下を向くように
- フォークの柄に人さし指をそえて持とう
- ナイフの柄に人さし指をそえて持とう

ナイフとフォークの置きかた

食事中

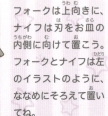

食事の途中で置くときは、フォークは下向き、ナイフは刃を内側にして置こう。フォークとナイフが「ハの字」になるようにね。

食べ終わったら

フォークは上向きに、ナイフは刃をお皿の内側に向けて置こう。フォークとナイフは左のイラストのように、ななめにそろえて置いてね。

スープの飲みかた

スープをすくう

スープは手前から奥にすくっても、奥から手前にすくってもOK。カップの場合は、取っ手を持って、お皿に口をつけて飲んでもだいじょうぶだよ。

飲み終わったら

スプーンの置きかたは、お皿の種類によってちがうから注意して。取っ手のないお皿なら、時計の「4時」の向きに。カップなら、奥か手前にスプーンを置こう。

回転テーブルで出てくる大皿料理のとり分けかた

中華料理のマナー

料理をとるときは、テーブルを時計まわりに回して、じぶんの前に持ってこよう。座ったまま、食べるぶんだけの料理を取り皿に取ってね。

取り皿は置いたままで食べるのが正解！

中華料理では、取り皿はテーブルに置いたままで食べるのが基本だよ。

こんな食べかたはNG！

取り皿を手に持って食べるのは、できるだけさけてね。

取り皿は1品に1枚使おう

同じ取り皿を、いろんな料理に使いまわすのは基本的には✕。1品食べるごとに、お皿をかえよう。

PART 4 ステキ女子のマナー

ルール4 ステキ女子になるためのふるまいかた
外見だけじゃなく、内面もキラキラした女の子になろう！

学校ですごす間

元気なあいさつで印象がグッとよくなる！

友達やクラスメイトにあいさつするときは、「笑顔で元気に」を心がけて。元気なあいさつでまわりが明るくなって、「ステキな子だな」と好印象を持ってもらえるよ！

持ちものはいつもきれいに

持ちものがよごれたりボロボロになっていると、清潔感のない子だと思われちゃうよ。いつもきれいに、大切に使うことを心がけてね。

ゆとりを持って行動しよう

休み時間が終わるギリギリまで、友達とおしゃべりしたりあそんだりするのは✕。先に授業の準備をしておくか、授業が始まる少しまえには席につこう。

友達や親せきのお家に行くとき

お家の人にきちんとあいさつしよう

友達のお家におよばれしたとき、親せきのところへ遊びに行くときは、まず「こんにちは」「おじゃまします」とごあいさつしてね。おみやげを持っている場合は、あいさつしたあとにわたそう。

靴の置きかたは？

玄関で靴をぬぐときは、相手のお家の人におしりを向けないように気をつけて。必ず座って靴をぬぎ、つまさきが入り口を向くようにそろえて置いてね☆

おやつをいただいたら

おやつを出してもらったら、「ありがとうございます、いただきます」ときちんとお礼を言おう。テーブルや床をよごさないように、きれいに食べよう♪

トイレを借りるときは必ず声をかけよう

トイレを借りるときは、お家の人に「トイレをお借りします」と一言ことわるのがマナー。仲のいい友達のお家でも、かってに歩きまわったりするのはNGだよ！

おでかけするときのマナー

電車やバスにのるとき

こんでいるときは立って、つりかわや手すりにつかまろう。席に座っているときも、おとしよりや妊婦さん、体の不自由な人がいたら、声をかけて席をゆずろうね。

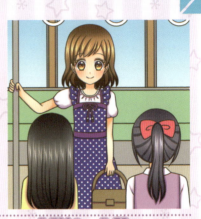

お買いものをするとき

お店では、商品にべたべたさわったり、さわいだりしないようにね。商品をよく見たいときは、店員さんに「見せてもらっていいですか？」と聞いてみよう☆

自転車で移動をするとき

ヘルメットをつけて、交通ルールを守って走ろう。歩道を走るときは、歩行者優先というルールをおぼえておいてね。

エスカレーターに乗るとき

こんでいなければ前の人との間を1段あけて、手すりにつかまって利用しよう。かけのぼったりかけおりたりすると、あぶないし、ほかの人のめいわくになるから注意してね。

落とし物を ひろったら

外出先で落とし物をひろったら、できるだけ早く、近くにある交番へとどけよう。持ち主が見つかったときに連絡がほしい場合は、じぶんの名前と連絡先をつたえてね。

図書館に行くとき

館内では友達とさわいだり走りまわったりせずに、しずかに行動しよう。借りた本はていねいにあつかって、必ず返却期限までに返そうね。

知っている人に会ったら

近所の人、友達のお父さんやお母さんなどに会ったら、「こんにちは」とあいさつしよう。立ち止まって、きちんと頭を下げると好印象♡

テーマパークや人気のお店で順番を待つとき

店員さんの指示にしたがって、列からはみ出さないようにならぼう。わりこみをしたり、友達とさわいだりすると、ほかの人のめいわくになるから絶対にNG！

PART 4 ステキ女子のマナー

ルール5 ステキ女子になるための7つの習慣

この7つを実行すれば、女子力UPまちがいなし！

習慣1

キラキラのスマイルでみんなの中心に！

あいさつするときも、おしゃべりするときも、いつも笑顔を心がけよう。みんながしぜんに集まってくるようになって、じぶんの気持ちも明るく前向きになるよ。

習慣2

「ありがとう」は魔法の言葉！

親切にしてもらったときは、感謝の気持ちを言葉にして伝えよう。相手を笑顔にして、じぶんもあたたかい気持ちになれる。「ありがとう」は、そんなステキな言葉だよ♪

THANKS!

習慣3

言葉づかいはていねいに

言葉づかいには、その人の内面があらわれるもの。身だしなみやふるまいだけじゃなく、言葉づかいにも気を使うのが本当のステキ女子だよ♡

習慣4

しっかり眠って心も体も健康に！

今のあなたは、大人になるための大事な準備期間にいるよ。この時期、脳と体の成長にかかせないのがじゅうぶんな睡眠。夜ふかしせず、できるだけ決まった時間に寝る＆起きることを心がけよう。

習慣5

後ろすがたをチェック！

出かけるまえには、正面だけじゃなく後ろすがたもチェックしよう。じぶんでは気づきにくいけど、後ろすがたは意外に見られているよ！

習慣6

背すじはいつもピンと！

背中を丸めていると、元気や自信がなさそうに見えちゃうよ。きれいな立ちかた（186ページ）を参考にして、つねに背すじはピンとのばそうね。

習慣7

じぶんの話ばかりせず、聞き役になろう

おしゃべりをするとき、じぶんの話ばかりするのはNG。相手の話をとことん聞く、聞き上手になろう。相手の目を見て話すのもポイントだよ☆

ルール6 モテ女子の必須アイテムを大公開！

このアイテムでモテ度＆好感度がUPするよ！

みだしなみと気配りが大切！

清潔感と気配りは、ステキなオトナ女子になるためのキーワードのひとつ。みだしなみをととのえるアイテムと、いざというときに役立つアイテムを、ふだんからバッグにしのばせよう。

ばんそうこう

じぶんや友達がケガをしたときにそなえて、ばんそうこうを持っておくと便利。かわいい柄やイラストが入ったものなら、さりげなく女子力をアピールできそう☆

ソーイングセット

針と糸、はさみが入った、コンパクトなさいほうセット。ボタンが取れたときに、さっとつけなおせるような子は、女の子から見ても好感度が高いよ。

ポケットティッシュ

ハンカチよりも気軽に使えるのが◎。そのままで持ち歩いてもいいけど、かわいいティッシュケースに入れて携帯すると女子力UP！

コンパクトミラー

ヘアスタイルが気になるときや、食事のあとは、ミラーで髪や口もとをチェック。鏡の部分がよごれにくい、ふたがついたタイプがおすすめ♡

ハンカチ＆タオル

清潔なハンカチは、女の子が絶対持つべきアイテム。汗をかきやすい季節は、タオルも持ち歩くとベストだよ。

ヘアゴムやシュシュ

髪が長めの子は、いつでも髪をまとめられるようにヘアアクセを持ち歩くとGOOD。シュシュは意外によごれるから、ときどきネットに入れてあらおうね。

リップクリーム

ステキ女子のくちびるは、いつもツヤツヤにしておきたいもの。乾燥する季節は、こまめにリップクリームをぬってケアしてね。

ミニポーチ

いつも持ち歩くアイテムは、ミニポーチにしまっておくのがおすすめ。カバンの中がきれいなことも、モテ女子の条件のひとつだよ。

スキンケア＆ネイルに挑戦してみよう！

つるつるお肌とキラキラネイルにみんなの視線が集中！

本当の「キレイ」はお肌から！

女の子の「キレイ」は、つるつるのお肌があってこそなりたつもの。毎日のスキンケアで、キラキラ美肌を手に入れよう。休日や特別な日には、ネイルでさらに女子力UPをねらっちゃお☆

お肌つるつる女子になってモテ度UP↑
スキンケア 205ページへGO！

つめのケア＆ネイルのツボを教えちゃうよ♥
ネイル 207ページへGO！

スキンケア 1 ふだんのお手入れ

洗顔（せんがん）

泡をしっかり立てよう
石けんでも洗顔料でも、手のひらでしっかり泡立てるのが基本。泡立てネットを使うとラクチンだよ。

肌をやさしくなでるように
洗顔するときは、下から上へクルクルと円をかくように洗おう。泡でお肌をなでるようなイメージで。

NG!
ゴシゴシこすると、お肌をいためちゃうよ。やさしく洗っても、しっかり泡立っていればよごれは落ちているからね。

よ～くすすごう
人肌くらいの温度のお湯で、しっかりとすすごう。泡がのこっていると、お肌のトラブルの原因になるよ。

お肌のお手入れ

お肌になじませよう
ほほやあごには手のひらで、目もとや小鼻まわりは指の腹で、化粧水をなじませよう。最後に顔全体を手のひらでつつんで、しっかりなじませればOK。

化粧水はたっぷりと！
洗顔のあとは、化粧水でお肌の水分をおぎなおう。顔全体にいきわたるように、たっぷり使ってね。乳液も同じようにパッティングすれば◎

スキンケア2 季節ごとのお手入れ

春・秋

全身の保湿

お肌にうるおいが足りないと思ったら、まめにローションで保湿しよう。おふろ上がりに保湿すると効果的だよ。

お肌の水分をキープ！

リップケア

くちびるのかさつきが気になったら、リップクリームでこまめにケア。女の子なら、いつもぷるぷるリップをキープしなくちゃね☆

夏

帽子で日やけ止めで日やけ対策

美肌をキープするためには、日やけをふせぐことが重要！ 外出するときは日やけ止めをぬって、なるべく帽子をかぶろう。日やけ止めは2～3時間おきにぬり直してね。

冬

乾燥対策

クリームやローション

カサカサ対策

乾燥する季節は、しっかりと保湿・乾燥対策をしよう。お部屋が乾燥しているときは、加湿器を使うか、お湯につけてしぼったタオルをほしておくといいよ。

つめのお手入れ

ステップ1 つめ切りでよぶんな部分をカット

つめを切るときは、白い部分を少しのこして、上側だけカットしよう。つめ全体が四角くなるようなイメージで切るのがコツだよ。

この形をイメージ！

丈夫なつめをキープできる／誰にでもにあう形

ステップ2 やすりでととのえよう

45°の角度であてよう

つめのトップとサイドを、つめ用のやすりでととのえるよ。やすりは左右に動かさず、同じ方向に動かそう。

ステップ3 クリームで保湿しよう

つめにうるおいが足りないと、割れたりささくれができる原因になるよ。お肌と同じように、オイルやクリームでケアしてね♡

ハンドクリームでもOK！

ネイル 2
ネイルにチャレンジしてみよう！

必要なもの

ベースコート
つめにマニキュアの色がうつるのをふせぐよ。

マニキュア
いろんな色をそろえておくと◎

トップコート
ネイルをツヤツヤにしてくれるよ。

コットン
除光液をふくませて使おう。

除光液（リムーバー）
ネイルを落とすときに使うよ。

✓ チェックしておくこと
- □ お家の人に許可はとった？
- □ つめがいたんだり割れたりしていない？
- □ 時間にゆとりはある？
- □ ネイルのぬりっぱなしはNG！きちんと除光液で落とそう

ベースコートをぬる
まずはつめのトップをなでるように、ベースコートをぬろう。ブラシをねかせて、まっすぐにスッとぬるのがコツだよ。

ステップ1

マニキュアをぬる
ベースコートがかわいたら、ステップ1と同じようにマニキュアをぬろう。力を入れてぬると、ムラになるので注意してね。

ステップ2

トップコートをぬる
マニキュアがかわいたら、トップコートでしあげて。少し厚めにぬって、しっかりかわかすとキレイにしあがるよ。

ステップ3

基本のぬりかたを覚えておこう！
コートもマニキュアも、ぬりかたの基本は同じ。ぬる順番は、つめのトップ→まん中→サイドが鉄則。トップ以外は、つめのつけ根近くから、トップへ向かってまっすぐにぬろう。

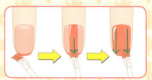

イラストレーター紹介

表紙イラスト／P2-4 イラスト 担当

和錆(わさび)

イラストレーター、まんが家。ソーシャルゲーム、コミックなど、幅広く活動中。

Twitterアカウント @wasabilabel
W.label http://w-wasabi.wixsite.com/wlabel
Pixiv https://www.pixiv.net/member.php?id=502358

漫画／PART2 ルール1～3 担当

いしいゆか

まんが家、イラストレーター。おもな作品に『名前うらない3555人』(ナツメ社)など。

Twitterアカウント @yukassyu
いしいゆかブログ http://ishiiyuka.blog.fc2.com/

PART1 担当

紺(こん)ほしろ

イラストレーター。おもな作品に『心理テスト&ゲームBOOK』(朝日新聞出版)など。

Twitterアカウント @hoshiro
Hoshiroom https://konhoshiro.wixsite.com/hoshiroom
Pixiv pixiv.me/k_hoshiro

PART2 ルール4～5 担当

小山奈々美(こやまななみ)

イラストレーター。おもな作品に『みつけてプリンセス』(学研プラス)など。

Twitterアカウント @koyama_nanami
小山奈々美のblog http://manmaru-kids.jugem.jp/

PART3 担当

沖野(おきの)れん

イラストレーター。おもな作品に『本当に怖い話MAX』シリーズ(新星出版社)など。

Twitterアカウント @b_okino
OKINO REN Illust Site
okinoren.wixsite.com/okinoren

PART4 担当

花海(はなみ)ゆうこ

イラストレーター。おもな作品に『トキメキまちがいさがしDX(デラックス)』(成美堂出版)など。

Twitterアカウント @hanamiyuuko
海月ぱれっと★ https://kurage-pallet.jimdo.com/

スペシャルふろく／コラム 担当

まつもとめいこ

イラストレーター。女の子、子ども向け書籍や教科書・教材などで幅広く活動中。

Twitterアカウント @meiko_a_gogo
Pretty! http://meiko.mimoza.jp/

Part1監修 森本のり子(もりもとのりこ)

イメージコンサルタント。骨格診断ファッションアナリスト認定協会理事(兼検定委員長)。イメージコンサルティングサロン primary brand 主宰。著書に『がんばった分だけ認められる女子の仕事術』(日本実業出版社)、『一生使える服選び』(宝島社)、『骨格診断®とパーソナルカラー診断で見つける似合う服の法則』『骨格診断®と髪質診断で見つける もっと似合う髪型の法則』(ともに日本文芸社)などがある。

カバー、本文 P2-4 イラスト	和錆
本文イラスト	紺ほしろ／いしいゆか／小山奈々美／沖野れん 花海ゆうこ／まつもとめいこ
本文マンガ	いしいゆか
デザイン・編集協力	有限会社スタジオエクレア

ファッション&ヘアアレンジ Lesson(レッスン)

2019年 3月20日 第1刷発行
2024年 6月10日 第9刷発行

編著者 おしゃカワ女子ルール研究会(じょしルールけんきゅうかい)
発行者 竹村 響
印刷所 株式会社 光邦
製本所 株式会社 光邦
発行所 株式会社 日本文芸社
〒100-0003 東京都千代田区一ツ橋1-1-1 パレスサイドビル8F
Printed in Japan 112190307-112240603 ⓃO9(201064)
ISBN978-4-537-21673-8
URL https://www.nihonbungeisha.co.jp/
©NIHONBUNGEISHA 2019
乱丁・落丁などの不良品、内容に関するお問い合わせは
小社ウェブサイトお問い合わせフォームまでお願いいたします。
ウェブサイト https://www.nihonbungeisha.co.jp/
法律で認められた場合を除いて、本書からの複写・転載(電子化を含む)は禁じられています。
また、代行業者等の第三者による電子データ化及び電子書籍化は、いかなる場合も認められていません。

(編集担当:前川)

恋も友情もうまくいく！
キラキラノート＆手紙の作りかた

わたしだけの キラキラノートを作ろう！

「好き」や「なりたい」をノートにつめこんで☆

「なりたいわたし」にどんどん近づける！

ステキなもの、好きなものを見つけたら、それをノートにスクラップしてみよう。おしゃれのヒントがつまったノートは、開くたびにあなたを「なりたいわたし」に近づけてくれるはず！

こんな使いかたがあるよ！

趣味をきわめる！
好きなアーティストやお菓子の作りかたなど、趣味にかんするノートを作るのもおすすめ。趣味をきわめれば、将来の夢につながるかも！

思い出を写真とメモで記録
家族や友達ととった写真やプリを、ノートにはって大切に保存。日づけや感想をメモすると GOOD だよ！

好きなコーデをスクラップ
雑誌にのっている、おしゃれなコーデを切りぬいてスクラップしよう。ほしい服や小物でも OK。毎日のコーデやお買いものにも役立つよ♪

キリトリ線

ノート作りに必要なアイテム

カラーペン
いろんな色のペンを使って、カラフルなノートにしよう。ラメ入りのペンもかわいいよ♡

ノート
かわいいデザインのものでも、シンプルなノートをじぶんでデコってもOK。

はさみ&カッター
好きな部分を切りぬくときに使うよ。手を切らないように注意してね。

マステ&シール
デコにかかせないアイテム。お気に入りのデザインでそろえたい！

雑誌や写真
お気に入りのコーデや写真を、ノートにペタペタはっちゃおう！

スティックのり
切りぬきや写真をはるときに使うのり。スティックタイプなら手がよごれにくいよ☆

キリトリ線

ポイント1
雑誌をイメージしよう

お気に入りの雑誌を参考に、切りぬきや写真の配置を考えよう。いきなりはらずに、いったんノートに置いてバランスをみるといいかも♪

ポイント2
ポイントをメモしよう

コーデのポイント、ほしいアイテムなどは、メモしておこう。ふきだしをつけたり、イラストをかいたりすると、さらにおしゃれになるよ！

ポイント3
シールでかわいく☆

かわいいシールをちりばめて、はなやかさをプラス。シールがなければ、カラーペンでハートや星をかいてもOK。

キリトリ線

「なりたいじぶん」になるためのノートを作ろう

目ひょう

ピアノの発表会までに
きれいになる！

- 起きたときとねるまえに、ストレッチをする
- おやつはなるべくガマン！
- かみの毛はきちんとかわかしてからねよう
- 顔をあらったらローションをつける
- あみこみをマスターする！練習あるのみ！

キリトリ線

目標を立てて「なりたいじぶん」に近づこう！

おしゃれになりたい

モデルや好きな芸能人のコーデをスクラップしたり、色や小物の使いかたをメモしておくといいよ。次にほしい服や小物、挑戦してみたい色の組み合わせなど、おしゃれのプランや目標を書きとめておくのもおすすめ☆

かわいくなりたい

気になったヘアケアやスキンケアの情報を、ノートにまとめていくとGOOD。ダイエット用のノートを作るなら、最初のページに「発表会までに○キロ落とす！」などなど目標を大きく書いておくとモチベがUP！

みんなに好かれる女の子になりたい

「元気にあいさつする」「笑顔でいる」などの目標をリストにして、毎日できたかどうかを記録しよう。「ステキ女子になるための7つの習慣」（200ページ）も参考にしてみてね。

自信をつけたい

もっと自信をつけたいなら、日記をつけるのもおすすめ。毎日の行動や気持ちをふり返ることで、じぶんの長所＆短所が見えてくるはず。たくさん書こうとせずに、少しでも毎日書くことが長く続けるコツだよ♡

キリトリ線

友達やカレとの思い出をノートに残そう

日にちと出かけた場所を大きく書くとわかりやすいよ

写真をななめにはって、ちょっぴり雑誌ふうに☆

2019.3.21
きらり©と
テーマパーク♥

限定キャラメルハニー！

きらり©といっしょに
アトラクションたくさん
乗れたよ☆
めっっっちゃ楽しかった！！！

フォトスポットで
ポーーーズ！！

うさP
カワイイ

HAPPY
ピース&ハグ

MAGIC

ず→っっと
なかよしだよ♥

BEST FRIENDS
うちらも フレンズ♥

コメントをかこんだり、
カラフルにデコれば、
見返したときも楽しい気分に！

キリトリ線

ポイント1

写真のはり方に ひと工夫

写真をななめにはったり、切りぬいたりすると、おしゃれなふんいきになるよ。マステや手がきのフレームで、にぎやかな感じにしても◎

ポイント2

カラーペンで アクセント

カラーペンや蛍光ペンで、コメントをカラフルにデコっちゃおう。手がきのハートや星をそえてもかわいい♡

ポイント3

交換日記にも アレンジできる！

ここまでに紹介したテクは、友達との交換日記にも使えるよ。友達が好きな色のペンやシールでデコれば、きっとよろこんでくれるはず！

キリトリ線

友達やカレが笑顔になる メール&手紙の書きかた
送るのが楽しみになっちゃう！

手もとにのこるものだから、気持ちをこめて！

メールや手紙は手もとにのこるものだから、気持ちをこめて、ていねいに書こう。文章だけだとさびしいと思ったら、絵文字やイラストをそえてみて♪ 楽しいふんいきになるよ！

すてきなメールで好感度UP♪

最初にあいさつを入れよう

伝えたいことだけを書くと、らんぼうな印象になっちゃう。「おはよう」「こんばんは」など、最初にあいさつを入れるだけで、ていねいな印象になるよ。

悪口を書くのはNG！

悪口は相手をいやな気持ちにさせるし、書いたあなたも知らず知らずいやな気持ちになっちゃうよ。じぶんが同じメールを受けとったら、どんな気分になるか考えてみて。

デコってはなやかに☆

絵文字やフレームでデコると、はなやかなふんいきに。誕生日のような特別な日には、スタンプも使って「おめでとう」の気持ちを伝えよう！

送るまえに読み返そう

メールを送るまえに、まちがいや書きわすれたことがないかをチェックしよう。送ってから「しまった！」なんてことにならないようにね。

キリトリ線

友達へのメール

友達の名前とあいさつを入れると、印象がUPするよ。

絵文字とフレームで、楽しい気持ちを伝えよう！

最後まで書いたら、いちど読み返してから送ろうね。

ナナ ©
こんばんは★
明日のショッピングたのしみだね
まちあわせは駅前に11時でOKかな❓
カノン©にもメールしておくね✉
3人でプリもとりたいなー❤
お返事まってるね　バイバイ😊

カレへのメール

口に出すと照れちゃう言葉は、メールで伝えちゃおう☆

メールの終わりに名前を入れると、女の子らしい印象に♡

うれしい気持ちを、スタンプにこめてもGOOD！

❤マサキくんへ❤
花火大会すっっっごく楽しかった★
ゆかたで行くのははずかしかったけど
ほめてくれてうれしかった❤ありがとう

今度は水族館なんてどうかな❓
また明日学校でね　ばいばーい🐾
❤アカリ❤

手紙で気持ちを伝えよう

すてきな手紙を書くコツ

心をこめて書いた手紙は、相手に気持ちを伝える最高の方法だよ。ていねいに書くのはもちろんだけど、ポイントをおさえれば、もっとステキな手紙が書けちゃう！友達やカレも、きっと笑顔になるはずだよ☆

ポイント1
1字1字ていねいに

字のうまさやくせ字は、気にしなくてOK。まちがいがないように、1文字ずつていねいに書くことがいちばん大切だよ♡

ポイント2
相手とじぶんの名前を書く

最初に相手の名前、最後にじぶんの名前を書くと、ていねいな印象に。相手の名前を大きめに書くのが、お手紙のルールだよ☆

ポイント3
かわいくしあげよう

カラーペンでフレームをつけたり、イラストをそえたりすると、かわいくしあがるよ。お気に入りのシールをはってもキュート！

ポイント4
手紙をもらったら

その日のうちに読んで、早めにお返事を書こう。手紙をもらったお礼を最初に書くと、うれしい気持ちを相手にきちんと伝えられるよ。

キリトリ線 ✂

こんな手紙をもらったら きっと友達が笑顔になるよ！

> シャーペンで書くと、さびしげに見えちゃう。ボールペンやにじみにくいサインペンなどを使おう

> 文字にかざりをつけると、一気にかわいくなるよ。まわりに星やハートをちらしてもOK♪

ササ©へ

もうすぐ カリン© のたん生日だね🍎
あさって プレゼント を買いに行かない？
わたしは ヘアアクセ がいいかな→って
思ってるんだけど ササ© はどうする？
いっしょに えらんで くれると うれしいな✨
お返事 待ってるよ

アカリより

> めだたせたいところは、色を変えたりイラストをそえたりするといいよ

キリトリ線 ✂

キラキラノート&
手紙の作りかた

キリトリ線 ✂

『ファッション&ヘアアレンジ Lesson』
日本文芸社